北大版 HSK应试辅导丛书

刘 云　郝小焕 ◎ 主编
王　乐　郭　佳 ◎ 编著

中文水平考试
HSK（一级）
全真模拟题集（第3版）

图书在版编目(CIP)数据

中文水平考试 HSK（一级）全真模拟试题集 / 刘云，郝小焕主编. -- 3 版. -- 北京：北京大学出版社，2024.10. -- （北大版 HSK 应试辅导丛书）. -- ISBN 978-7-301-35597-8

Ⅰ. H195.6

中国国家版本馆 CIP 数据核字第 2024WU8137 号

书　　名	中文水平考试 HSK（一级）全真模拟试题集（第 3 版） ZHONGWEN SHUIPING KAOSHI HSK (YI JI) QUANZHEN MONI TIJI (DI-SAN BAN)
著作责任者	刘　云　郝小焕　主编
责任编辑	任　蕾
标准书号	ISBN 978-7-301-35597-8
出版发行	北京大学出版社
地　　址	北京市海淀区成府路 205 号　100871
网　　址	http://www.pup.cn　　新浪微博：@北京大学出版社
电子邮箱	zpup@pup.cn
电　　话	邮购部 010-62752015　发行部 010-62750672　编辑部 010-62753374
印 刷 者	大厂回族自治县彩虹印刷有限公司
经 销 者	新华书店
	889 毫米×1194 毫米　大 16 开本　9.25 印张　300 千字
	2024 年 10 月第 1 版　2024 年 10 月第 1 次印刷
定　　价	39.00 元

未经许可，不得以任何方式复制或抄袭本书之部分或全部内容。
版权所有，侵权必究
举报电话：010-62752024　电子邮箱：fd@pup.cn
图书如有印装质量问题，请与出版部联系，电话：010-62756370

修订说明

中文水平考试(HSK)作为一项国际汉语能力标准化考试,自2010年正式实施以来,受到了全球汉语学习者的广泛欢迎。2021年,《国际中文教育中文水平等级标准》(简称《等级标准》)全新推出,旨在更准确地描述和评估全球汉语学习者的语言能力。这一新的评估体系提出了"三等九级"的新框架,采用"3+5"的规范化路径和"四维基准"的量化指标组合来详细划分和衡量汉语水平。"3"指言语交际能力、话题任务内容、语言量化指标三个层面,"5"指听、说、读、写、译五种语言基本技能;"四维基准"指衡量中文水平的音节、汉字、词汇、语法的四种语言基本要素。

为了适应新大纲的调整和变化,应广大读者要求,以及为进一步满足HSK考生备考的需求,继2010年出版市面上第一套"新汉语水平考试HSK全真模拟题集"和2013年推出"新汉语水平考试HSK全真模拟题集(第2版)"之后,我们于2024年推出了"中文水平考试HSK全真模拟题(第3版)"。本次修订,结合了编者十余年的教学经验,在原有模拟题的基础上,对题型、难度及内容进行了必要的调整和更新,确保每一级别的试题都能精准地反映出考试的最新要求,为考生提供符合当前标准的备考资料。

第3版还新增了各级别的报考指南、考试说明与答题技巧,详细介绍了考试形式、考查内容及应试技巧,帮助考生更好地理解考试结构和备考。此外,每套试卷还包含"自测评分表",以便考生在备考过程中进行自我评估,调整学习策略。修订后,三至六级新增详细题解,列出每个题目涉及的本级别生词,对题目的重难点进行剖析,并为口语和写作题列出参考答案和解题思路。

通过全面细致的修订,"中文水平考试HSK全真模拟题集(第3版)"不仅有助于考生有效测试现有水平,更有助于提高考生汉语的运用能力,以及掌握复习备考的方法及应试策略。

目 录

中文水平考试 HSK(一级)报考指南 ·· 1
中文水平考试 HSK(一级)说明与答题技巧 ································ 3

中文水平考试 HSK(一级)
全真模拟题

中文水平考试 HSK(一级)全真模拟题 1 ···································· 15
中文水平考试 HSK(一级)全真模拟题 2 ···································· 27
中文水平考试 HSK(一级)全真模拟题 3 ···································· 39
中文水平考试 HSK(一级)全真模拟题 4 ···································· 51
中文水平考试 HSK(一级)全真模拟题 5 ···································· 63

中文水平考试 HSK(一级)全真模拟题
听力材料

中文水平考试 HSK(一级)全真模拟题 1 听力材料 ······················· 77
中文水平考试 HSK(一级)全真模拟题 2 听力材料 ······················· 81
中文水平考试 HSK(一级)全真模拟题 3 听力材料 ······················· 85
中文水平考试 HSK(一级)全真模拟题 4 听力材料 ······················· 89
中文水平考试 HSK(一级)全真模拟题 5 听力材料 ······················· 93

中文水平考试 HSK(一级)全真模拟题答案

中文水平考试 HSK(一级)全真模拟题 1 答案 …………………………………………… 99
中文水平考试 HSK(一级)全真模拟题 2 答案 …………………………………………… 100
中文水平考试 HSK(一级)全真模拟题 3 答案 …………………………………………… 101
中文水平考试 HSK(一级)全真模拟题 4 答案 …………………………………………… 102
中文水平考试 HSK(一级)全真模拟题 5 答案 …………………………………………… 103

中文水平考试 HSK(一级) 音节·汉字·词汇·语法

中文水平考试 HSK(一级)音节 ……………………………………………………………… 107
中文水平考试 HSK(一级)汉字 ……………………………………………………………… 118
中文水平考试 HSK(一级)词汇 ……………………………………………………………… 124
中文水平考试 HSK(一级)语法 ……………………………………………………………… 132

中文水平考试 HSK（一级）考试报考指南

一、考试报名

考生可以选择网上报名或者去考点报名。

1. 网上报名

第一步	登录中文考试服务网	www.chinesetest.cn
第二步	注册用户	填写 e-mail 地址、国籍、母语、出生日期和其他信息。
第三步	考试报名	选择考试时间和最近的考点、上传照片并确认注册信息。
第四步	支付考试费	必须在报名截止前完成交费。 开通网上支付的考点，考生可直接进行在线支付。
第五步	获得报名确认	交费成功的考生会在考前 10 天得到 e-mail 确认。
第六步	领取准考证	登录 www.chinesetest.cn 打印准考证或去考点领取。

2. 考点报名 Registration at the Examination Center

考生也可以携带照片和身份证件直接去附近考点交费报名。

二、考试须知

1. 核对准考证信息

准考证上的姓名信息与护照或其他证件上的信息必须一致。

2. 考试用品

（1）准考证。

（2）报名所用的证件。

（3）2B 铅笔和橡皮（纸笔考试携带）。

3. 入场时间

（1）考试前半小时开始进场。

（2）听力考试开始后，迟到考生须等听力考试结束后才可进入考场参加阅读考试，所误时间不补。

4. 保存好注册信息以便查询成绩或进行下一次考试的报名。

三、成绩和证书

1. 查成绩

（1）时间：纸笔考试一个月后，网络考试两周后的周一。

（2）方式：登录 www.chinesetesting.cn，输入准考证号和姓名查询成绩。

2. 通过分数

HSK（一级）成绩报告提供听力、阅读和总分三个分数。满分 200 分，总分 120 分为合格。同时，报告还提供百分等级常模表，考生可以大体了解自己的成绩在全球考生中的位置。

3. 领证书

考后 1—2 个月会寄到考点，考生凭准考证去领取。

4. 证书有效期

证书有效期 2 年（从考试当日算起）。

中文水平考试 HSK（一级）考试说明与答题技巧

一、考试内容

中文水平考试 HSK（一级）共 40 题，分听力、阅读两部分。全部考试约 40 分钟（含考生填写个人信息时间 5 分钟）。

考试内容		试题数量（个）	考试时长（分钟）
听力	第一部分	5	约 15
	第二部分	5	
	第三部分	5	20
	第四部分	5	
填写答题卡（将听力部分的答案填涂到答题卡上）			3
阅读	第一部分	5	17
	第二部分	5	
	第三部分	5	20
	第四部分	5	
共 计		40	约 35

二、词汇基础

HSK（一级）大纲包括 500 个常用词，这些词和与之相关的语法项目是考试的重点。题目通常会根据某一个或两三个词语来构建，旨在考查考生对这些词语的理解和运用。HSK（一级）考试中不允许出现一级大纲以外的词语。因此，对这 500 个词，考生要做到四会：会认、会读、会用、会写。

三、解题技巧

（一）听力

听力由四部分组成。

1. 第一部分—第三部分

（1）考试结构与样题

第一部分，共 5 题。每题听两次。每题会听到一个短语，试卷上有一张图片，考生根据听到的内容判断是否与图片对应。

第二部分，共 5 题。每题听两次。每题会听到一个句子，试卷上有三张图片，考生根据听到的内容选出对应的图片。

第三部分，共 5 题。每题听两次。每题会听到一个对话，试卷上有几张图片，考生根据听到的内容选出对应的图片。

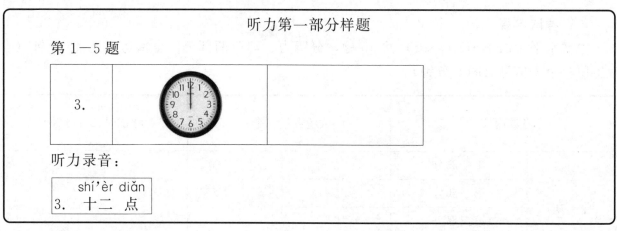

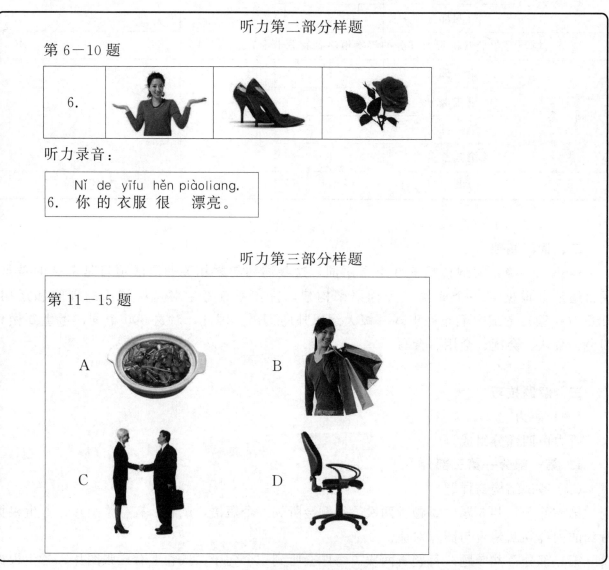

E F

例如：女：Nǐ hǎo!
　　　　你 好！

　　　男：Nǐ hǎo! Hěn gāoxìng rènshi nǐ.
　　　　你 好！很 高兴 认识 你。　　C

11.　　　　　　　　　　　　　　　□

12.　　　　　　　　　　　　　　　□

13.　　　　　　　　　　　　　　　□

14.　　　　　　　　　　　　　　　□

15.　　　　　　　　　　　　　　　□

听力录音：

11. 男：Zhège yǐzi duōshao qián?
　　　　这个 椅子 多少 钱？
　　女：Qīshí kuài.
　　　　七十 块。

（2）解题步骤

第一步：在听力开始前，观察图片中出现的人的动作、事物或动物等，在空白处用拼音或你的语言写下来。例如，样题第3题中有一个表，时间为十二点，可以在空白处写出"十二点"。

第二步：听第一遍录音，判断录音是否与图片内容一致，或找出与录音内容一致的图片。录音是"shí'èr diǎn 十二 点"，与图片内容一致，则写出答案"√"。

第三步：听第二遍录音，再次确认答案及填写是否正确。

（3）答题技巧

A. 第一、二、三部分是图片题，熟练掌握容易在图片中表现出来的人的动作词语、动物和事物的名称。

B. 注意抓取关键词。听到与图片相关的关键词可能就是答案。

2. 第四部分

（1）考试结构与样题

第四部分，共5题。每题听两次。每题会听到一个句子和一个问题，试卷上有三个选项，考生根据听到的内容选出答案。

听力第四部分样题

第16—20题

	xīngqī'èr	xīngqīsān	xīngqīwǔ
16. A	星期二	B 星期三	C 星期五

听力录音：

	Míngtiān shì èryuè èrshíwǔ rì, xīngqīsān.
16.	明天 是 二月 二十五 日，星期三。
	Míngtiān shì xīngqī jǐ?
问：	明天 是 星期 几？

（2）解题步骤

第一步：在听力开始前，根据选项内容预测可能的问题。例如，样题第16题的选项中都有"星期"（xīngqī），据此可以推测出问题可能是"星期几"（xīngqī jǐ）。

第二步：听第一遍录音，先标出直接听到选项内容的选项。然后仔细听问题，根据问题选出对应的选项。例如，录音是"明天 是 二月 二十五 日，星期三。"（Míngtiān shì èryuè èrshíwǔ rì, xīngqīsān.）这时，你可以标出选项B。再注意听问题："明天 是 星期 几？"（Míngtiān shì xīngqī jǐ?）根据关键词"明天"（míngtiān）判断，将答案改为选项C。

第三步：听第二遍录音，再次确认答案及填写是否正确。

（3）答题技巧

掌握提问方式和相关词语。

提问内容指向	提问方式	相关词语
时间、数字	Tā shénme shíhòu……? 他 什么 时候……？ Jǐ yuè jǐ hào? 几月几号？ Xīngqī jǐ? 星期几？ Tā nǚ'ér jǐ suì le? 他 女儿几岁了？	nián yuè rì xīngqī diǎn fēn fēnzhōng suì 年、月、日、星期、点、分、分钟、岁 qián hòu ……前、后

续表

提问内容指向	提问方式	相关词语
身份、人物	Tā shì zuò shénme de? 他 是 做 什么 的? Shuí yào…… 谁 要……	péngyou tóngxué lǎoshī xuésheng yīshēng 朋友 、 同学 、 老师 、 学生 、 医生 māma bàba nǚ'ér érzi xiānsheng xiǎojiě 妈妈、爸爸、女儿、儿子、 先生 、 小姐
地点	Tā yào qù nǎr? 他 要 去 哪儿? Tāde ……zài nǎr? 他的……在 哪儿?	jiā xuéxiào yīyuàn diànyǐngyuàn shāngdiàn 家、 学校 、 医院 、 电影院 、 商店 、 shūdiàn shuǐguǒdiàn fàndiàn yīfudiàn 书店 、 水果店 、 饭店、衣服店 shàng xià lǐ qián hòu …… 上 / 下 / 里 / 前 / 后
交通方式	Tā zěnme qù……? 他 怎么 去……?	kāi chē zuò chūzūchē fēijī huǒchē 开 车 、 坐 + 出租车 / 飞机 / 火车
行为活动	Tā zài yào xiǎng xǐhuan zuò 他 在 / 要 / 想 / 喜欢 做 shénme? 什么?	shuì jiào dǎ diànhuà chī fàn zuò fàn xuéxí 睡 觉 、 打 电话 、 吃 饭 、 做 饭、学习、 mǎi dōngxi kàn diànyǐng 买 东西 、 看 电影 lái qù huí 来 / 去 / 回
总结、推理	Tā zěnme le? 他 怎么 了? zěnmeyàng? ……怎么样?	xǐhuan juéde xiǎng 喜欢 、 觉得 、 想 tiānqì lěng rè xià yǔ 天气 、 冷 、 热 、 下雨 gāoxìng piàoliang 高兴 、 漂亮 duō shǎo dà xiǎo 多 、 少 、 大 、 小

2. 注意数字、时间、肯定否定、比较等细节，它们可能以不同的形式出现。

(二) 阅读

阅读题由四部分组成。

1. 第一部分、第二部分

(1) 考试结构与样题

第一部分，共5题。每题有一张图片和一个词语，考生要判断图片和词语是否对应。

第二部分，共5题。每题有一个句子和几张图片，考生根据句子内容选出对应的图片。

阅读第一部分样题

第 21—25 题

| 21. |  | māo
猫 | |

阅读第二部分样题

第 26—30 题

A B

C D

E F

Wǒ hěn xǐhuan zhè běn shū.
例如：我 很 喜欢 这 本 书。　　E

Tā zài shuì jiào ne.
26. 他 在 睡 觉 呢。

Tā míngtiān zuò huǒchē qù.
27. 她 明天 坐 火车 去。

Tā zài yīyuàn gōngzuò, shì ge yīshēng.
28. 他 在 医院 工作，是 个 医生。

Wǒ xiǎng hē yì bēi chá.
29. 我 想 喝 一 杯 茶。

Tāmen shì tóngxué.
30. 他们 是 同学。

（2）解题步骤

第一步：读题目，根据题目中的主语或谓语动作选出相关图片。

第二步：画掉已经被选的选项。

第三步：全部做完后，再次确认答案及填写是否正确。

（3）答题技巧

抓取关键词。

A. 先看主语，通过主语能判断出图片中包含的是人、动物还是事物。

B. 如果是与人相关的图片，注意句子中表示动作的词语。

2. 第三部分

（1）考试结构与样题

第三部分，共 5 题。这部分有五个问题和五个回答，考生要找出对应关系。

```
                    阅读第三部分样题

                         第 31－35 题

              Nǐ hē shuǐ ma?                    Zhōngguórén.
   例如：你 喝 水 吗？         [ F ]     A    中国人。

              Nǐ zěnme qù nàge fàndiàn?              7 diǎn le.
   31. 你 怎么 去 那个 饭店？   [   ]     B    7 点 了。

              Xiànzài jǐ diǎn le?                   Píngguǒ.
   32. 现在 几 点 了？         [   ]     C    苹果。

              Nǐ ài chī shénme shuǐguǒ?            20 kuài.
   33. 你 爱 吃 什么 水果？     [   ]     D    20 块。

              Zhège xiǎo bēizi duōshao qián?       Zuò chūzūchē.
   34. 这个 小 杯子 多少 钱？   [   ]     E    坐 出租车。

              Nǐ shì nǎ guó rén?                   Hǎo de, xièxie!
   35. 你 是 哪 国 人？        [   ]     F    好 的，谢谢！
```

（2）解题步骤

第一步：根据右侧的答案推测出疑问词。例如：第 31－35 题，通过 A 选项
" Zhōngguórén   nǎ
  中国人 "，可以推测出疑问词可能是"哪"。

第二步：在左侧找到对应关系，并画掉选项。

第三步：确认两个句子的意思是否自然通顺。

（3）答题技巧

熟悉疑问代词及回答。常见疑问代词包括：谁(shuí)、什么(shénme)、什么时候(shénme shíhou)、哪(nǎ)、哪儿(nǎr)、怎么(zěnme)、怎么样(zěnmeyàng)、几(jǐ)、多少(duōshao)。

3. 第四部分

（1）考试结构与样题

第四部分，共 5 题。每题有一个句子，句子中有一处空白，考生要从选项中找出恰当的词语填入空白处。

阅读第四部分样题

第 36－40 题

A 家(jiā)　B 火车站(huǒchēzhàn)　C 对不起(duìbuqǐ)　D 名字(míngzi)　E 看见(kànjiàn)　F 学习(xuéxí)

例如：你叫什么（ D ）？
Nǐ jiào shénme

36. 她上午在学校（　　）。
Tā shàngwǔ zài xuéxiào

37. 我 7 点 30 分去（　　），10 点前回来。
Wǒ 7 diǎn 30 fēn qù ... 10 diǎn qián huílai.

38. 喂，张先生在（　　）吗？
Wèi, Zhāng xiānsheng zài ... ma?

39. 女：（　　），我今天不能和你去看医生了。
wǒ jīntiān bù néng hé nǐ qù kàn yīshēng le.
男：没关系。
Méi guānxi.

40. 男：你（　　）爸爸的衣服了吗？
Nǐ ... bàba de yīfu le ma?
女：在桌子后面。
Zài zhuōzi hòumiàn.

（2）解题步骤

第一步：读词。把握五个词的词性和词义。

第二步：读句子。将对应词性和意思的词填入空格中，并在题目中画掉该选项。

第三步：确认句子的意思是否自然通顺。

（3）答题技巧

A. 利用词语在句子中的常见位置选出正确的选项。

汉语句子的基本结构是主语＋谓语＋宾语。主语常是名词、代词，例如"我""猫"；谓语常是动词、形容词，例如"去""漂亮"；宾语常常是名词，例如"学校""医生"。

对选词填空题而言，如果题目中某个位置空缺，我们可以大致判断这里需要填写什么类型的词语，这样可以帮助我们解题。如："你 叫 什么 （ Nǐ jiào shénme ）"。我们可以判断出这里缺少的是一个宾语名词。

B. 利用词语的常用结构以及固定搭配选出正确的选项。例如，"的（de）"后面常是名词，动词前常常是副词。

中文水平考试 HSK(一级)

全真模拟题

中文水平考试
HSK(一级)
全真模拟题 1

注　意

一、HSK（一级）分两部分：

　　1. 听力（20 题，约 15 分钟）

　　2. 阅读（20 题，17 分钟）

二、听力结束后，有 3 分钟填写答题卡。

三、全部考试约 40 分钟（含考生填写个人信息时间 5 分钟）。

中国　北京　　　　　　　　　　　　　　XXXX/XXXXXXX　编制

HSK（一级）自测评分表

考试内容	满分	题量	每题分值	你答对的题数	你的分数
听力	100	20	5		
阅读	100	20	5		
				总分	

使用说明

1. 填入你答对的题数
2. 每题分值＊你答对的题数＝你的分数
3. 听力分数＋阅读分数＝你的总分

一、听 力

第 一 部 分

第 1－5 题

例如：	(laughing girl)	✓
	(children reading)	×
1.	(baby)	
2.	(boy with basketball)	
3.	(dog and cat)	
4.	(two chairs)	
5.	(noodles)	

第二部分

第 6-10 题

例如：	A ✓	B	C
6.	A	B	C
7.	A	B	C
8.	A	B	C

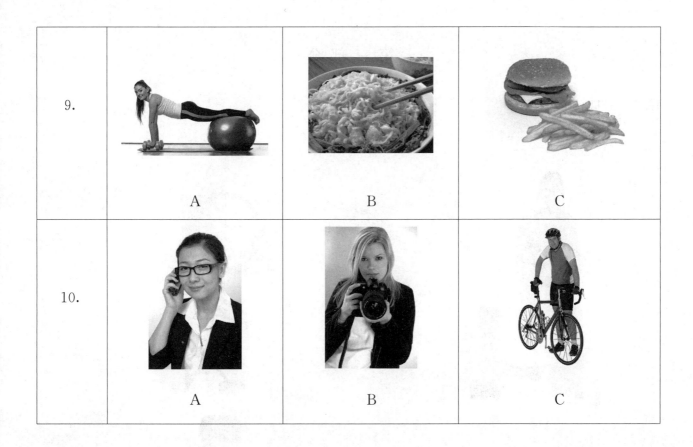

第三部分

第 11－15 题

A B C D E F

例如：女：Nǐ hǎo!
　　　　你 好！

　　　男：Nǐ hǎo! Hěn gāoxìng rènshi nǐ.
　　　　你 好！ 很 高兴 认识 你。　　　　　　C

11.

12.

13.

14.

15.

第 四 部 分

第 16－20 题

例如：
Xiàwǔ wǒ qù shāngdiàn, wǒ xiǎng mǎi yìxiē shuǐguǒ.
下午 我 去 商店，我 想 买 一些 水果。

问：
Tā xiàwǔ qù nǎli?
她 下午 去 哪里？

A shāngdiàn 商店 ✓   B yīyuàn 医院   C xuéxiào 学校

16. A hěn lěng 很冷   B hěn rè 很热   C hěn hǎo 很好

17. A xuéxiào 学校   B fàndiàn 饭店   C shāngdiàn 商店

18. A wǒ 我   B péngyou 朋友   C lǎoshī 老师

19. A yīyuàn 医院   B shuǐguǒdiàn 水果店   C diànyǐngyuàn 电影院

20. A fàndiàn 饭店   B xuéxiào 学校   C shūdiàn 书店

二、阅 读

第一部分

第 21－25 题

例如：		diànshì 电视	×
		fēijī 飞机	✓
21.		tīng 听	
22.		píngguǒ 苹果	
23.		chá 茶	
24.		zàijiàn 再见	
25.		shū 书	

第二部分

第 26-30 题

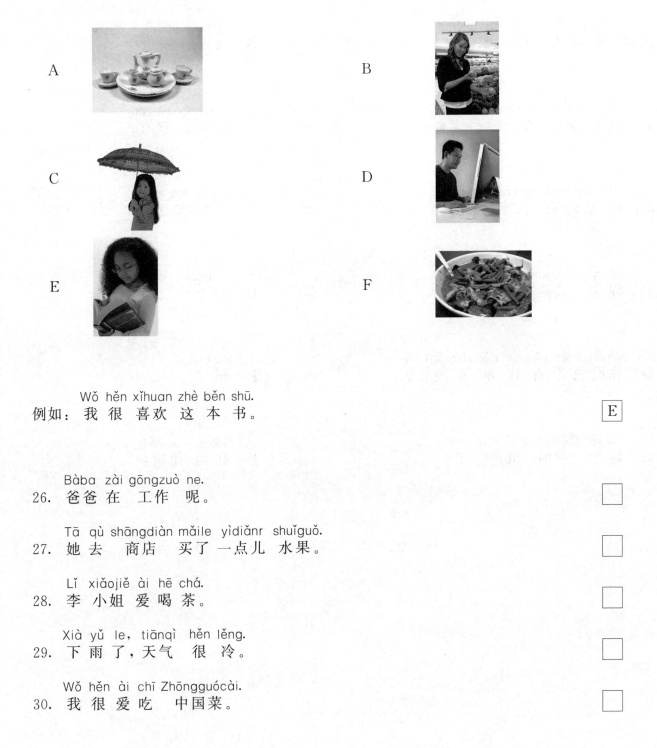

例如： Wǒ hěn xǐhuan zhè běn shū.
我 很 喜欢 这 本 书。　　　　E

26. Bàba zài gōngzuò ne.
爸爸 在 工作 呢。

27. Tā qù shāngdiàn mǎile yìdiǎnr shuǐguǒ.
她 去 商店 买了 一点儿 水果。

28. Lǐ xiǎojiě ài hē chá.
李 小姐 爱 喝 茶。

29. Xià yǔ le, tiānqì hěn lěng.
下 雨 了，天气 很 冷。

30. Wǒ hěn ài chī Zhōngguócài.
我 很 爱 吃 中国菜。

第三部分

第 31－35 题

例如：Nǐ hē shuǐ ma?
你 喝 水 吗？ [F]   A Yīfu. 衣服。

31. Zhège xuéxiào yǒu duōshao lǎoshī?
这个 学校 有 多少 老师？ [ ]   B Duìbuqǐ, méiyǒu. 对不起，没有。

32. Nǐ zěnme qù huǒchēzhàn?
你 怎么 去 火车站？ [ ]   C 5 nián duō le. 5 年 多了。

33. Nǐ qù shāngdiàn mǎi shénme?
你 去 商店 买 什么？ [ ]   D 30 ge. 30 个。

34. Nǐmen zhèr yǒu zhè běn shū ma?
你们 这儿 有 这 本 书 吗？ [ ]   E Kāi chē. 开 车。

35. Tā lái Zhōngguó jǐ nián le?
她 来 中国 几 年 了？ [ ]   F Hǎo de, xièxie! 好 的，谢谢！

第四部分

第 36－40 题

　　　　　　kāi　　　　dōu　　　　bú kèqi　　　　míngzi　　　　nǎ　　　　xuéxí
　　　　A 开　　　B 都　　　C 不客气　　　D 名字　　　E 哪　　　F 学习

　　　　　Nǐ jiào shénme
例如：你 叫 什么 （ D ）？

　　　Bàba māma　　　　hěn ài wǒ.
36. 爸爸 妈妈（　　）很 爱 我。

　　　Yǔ tài dà le, chē bù néng　　　le.
37. 雨 太 大 了，车 不 能（　　）了。

　　　Shàngwǔ wǒ nǚ'ér zài xuéxiào
38. 上午 我 女儿 在 学校（　　）。

　　　Xièxie nǐ qǐng wǒ chī fàn.
39. 女：谢谢 你 请 我 吃 饭。

　　　男：（　　）。

　　　Nǐ shì　　　guó rén?
40. 男：你 是（　　）国 人？

　　　Wǒ shì Zhōngguórén.
　　　女：我 是 中国人。

中文水平考试
HSK（一级）
全真模拟题 2

注　　意

一、HSK（一级）分两部分：

　　1. 听力（20题，约15分钟）

　　2. 阅读（20题，17分钟）

二、听力结束后，有3分钟填写答题卡。

三、全部考试约40分钟（含考生填写个人信息时间5分钟）。

中国　北京　　　　　　　　　　　XXXX/XXXXXX　编制

HSK（一级）自测评分表

考试内容	满分	题量	每题分值	你答对的题数	你的分数
听力	100	20	5		
阅读	100	20	5		
				总分	

使用说明

1. 填入你答对的题数
2. 每题分值 * 你答对的题数＝你的分数
3. 听力分数＋阅读分数＝你的总分

一、听　力

第一部分

第1－5题

例如：	(笑脸图)	✓
	(读书图)	✗
1.	(太阳图)	
2.	(鞋子图)	
3.	(吃苹果图)	
4.	(跳舞图)	
5.	(书包图)	

第 二 部 分

第 6－10 题

例如：	A ✓	B	C
6.	A	B	C
7.	A	B	C

第三部分

第 11-15 题

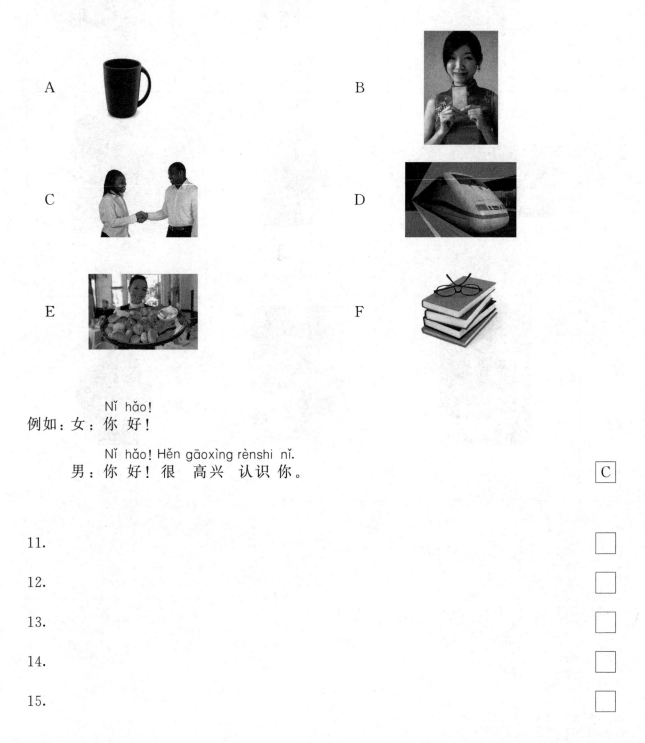

例如：女：Nǐ hǎo!
　　　　你 好!

　　　男：Nǐ hǎo! Hěn gāoxìng rènshi nǐ.
　　　　你 好! 很 高兴 认识 你。　　　C

11.

12.

13.

14.

15.

第四部分

第 16—20 题

例如：
Xiàwǔ wǒ qù shāngdiàn, wǒ xiǎng mǎi yìxiē shuǐguǒ.
下午 我 去 商店， 我 想 买 一些 水果。

问：
Tā xiàwǔ qù nǎli?
她 下午 去 哪里？

A　shāngdiàn 商店　✓　　B　yīyuàn 医院　　C　xuéxiào 学校

16. A　kāi chē 开车　　B　zuò fēijī 坐飞机　　C　zuò chūzūchē 坐出租车

17. A　wǒ 我　　B　wǒ bàba 我爸爸　　C　wǒ hé bàba 我和爸爸

18. A　sì nián duō 四年多　　B　qī nián duō 七年多　　C　shí nián duō 十年多

19. A　zuò fàn 做饭　　B　shuō Hànyǔ 说汉语　　C　xiě Hànzì 写汉字

20. A　8 yuè 11 hào 月 号　　B　8 yuè 20 hào 月 号　　C　8 yuè 29 hào 月 号

二、阅 读

第 一 部 分

第 21—25 题

例如：		diànshì 电视	×
		fēijī 飞机	✓
21.		gǒu 狗	
22.		shuì jiào 睡 觉	
23.		mǐfàn 米饭	
24.		xuéxí 学习	
25.		gāoxìng 高兴	

第 二 部 分

第 26－30 题

A
B
C
D
E
F

例如： Wǒ hěn xǐhuan zhè běn shū.
我 很 喜欢 这 本 书。　　E

26. Nǐ kàn, xiǎo māo zài hē shuǐ ne.
你 看, 小 猫 在 喝 水 呢。

27. Lǎoshī, zhège zì wǒ huì dú.
老师, 这个 字 我 会 读。

28. Wǒ péngyou zài fàndiàn gōngzuò.
我 朋友 在 饭店 工作。

29. Zhōngguó zài zhèr.
中国 在 这儿。

30. Māma hěn ài wǒ.
妈妈 很 爱 我。

第三部分

第 31—35 题

例如：Nǐ hē shuǐ ma? 你 喝 水 吗？　[F]　　A　Wǒ jiā hòumiàn. 我 家 后面。

31. Jīntiān xīngqī jǐ? 今天 星期 几？　[ ]　　B　10 suì. 10 岁。

32. Nàge yīyuàn zài nǎr? 那个 医院 在 哪儿？　[ ]　　C　Zhōngguócài. 中国菜。

33. Zhè běn shū zěnmeyàng? 这 本 书 怎么样？　[ ]　　D　Wǒ hěn xǐhuan. 我 很 喜欢。

34. Nǐ nǚ'ér jīnnián jǐ suì le? 你 女儿 今年 几 岁 了？　[ ]　　E　Xīngqīwǔ. 星期五。

35. Nǐ xǐhuan chī shénme? 你 喜欢 吃 什么？　[ ]　　F　Hǎo de, xièxie! 好 的，谢谢！

第四部分

第 36－40 题

      A 学校（xuéxiào）   B 米饭（mǐfàn）   C 几（jǐ）   D 名字（míngzi）   E 认识（rènshi）   F 同学（tóngxué）

例如：你叫什么（Nǐ jiào shénme）（ D ）？

36. 我不爱吃（Wǒ bú ài chī）（　　）。

37. 我不（Wǒ bú　　）这个人（zhège rén）。

38. 王老师住在（Wáng lǎoshī zhù zài）（　　）里（li）。

39. 男：他们是谁？（Tāmen shì shéi?）

    女：他们都是我的（Tāmen dōu shì wǒ de）（　　）。

40. 男：你来北京（Nǐ lái Běijīng）（　　）年了（nián le）？

    女：五年多了。（Wǔ nián duō le.）

中文水平考试
HSK（一级）
全真模拟题 3

注　　意

一、HSK（一级）分两部分：

    1. 听力（20题，约15分钟）

    2. 阅读（20题，17分钟）

二、听力结束后，有3分钟填写答题卡。

三、全部考试约40分钟（含考生填写个人信息时间5分钟）。

中国　北京　　　　　　　　　　　　　　　XXXX/XXXXXXX　编制

HSK（一级）自测评分表

考试内容	满分	题量	每题分值	你答对的题数	你的分数
听力	100	20	5		
阅读	100	20	5		
				总分	

使用说明

1. 填入你答对的题数

2. 每题分值＊你答对的题数＝你的分数

3. 听力分数＋阅读分数＝你的总分

一、听 力

第 一 部 分

第1—5题

例如：	(笑脸图)	✓
	(三个孩子看书图)	✗
1.	(水果图)	
2.	(面包图)	
3.	(书本图)	
4.	(医生与婴儿图)	
5.	(时钟图)	

第二部分

第 6－10 题

例如：			
	A ✓	B	C
6.	A	B	C
7.	A	B	C

— 42 —

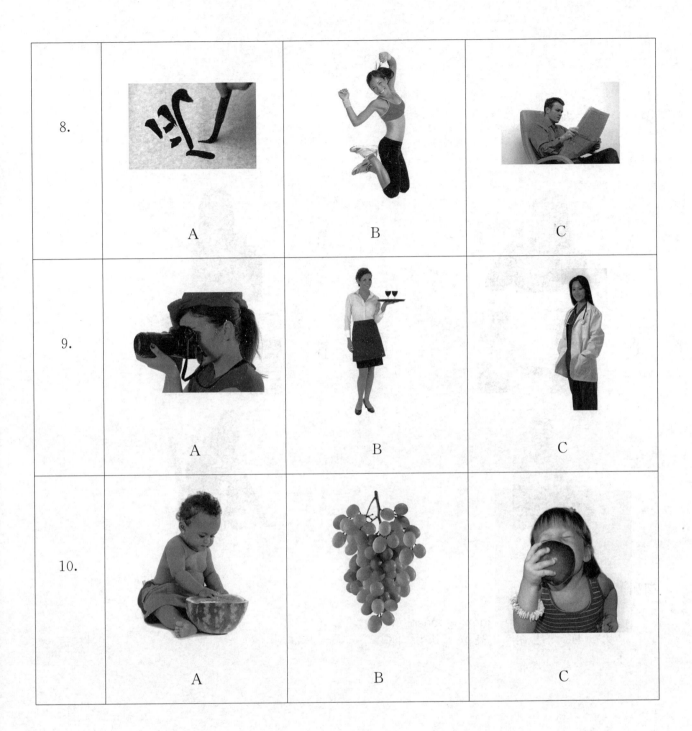

第 三 部 分

第 11-15 题

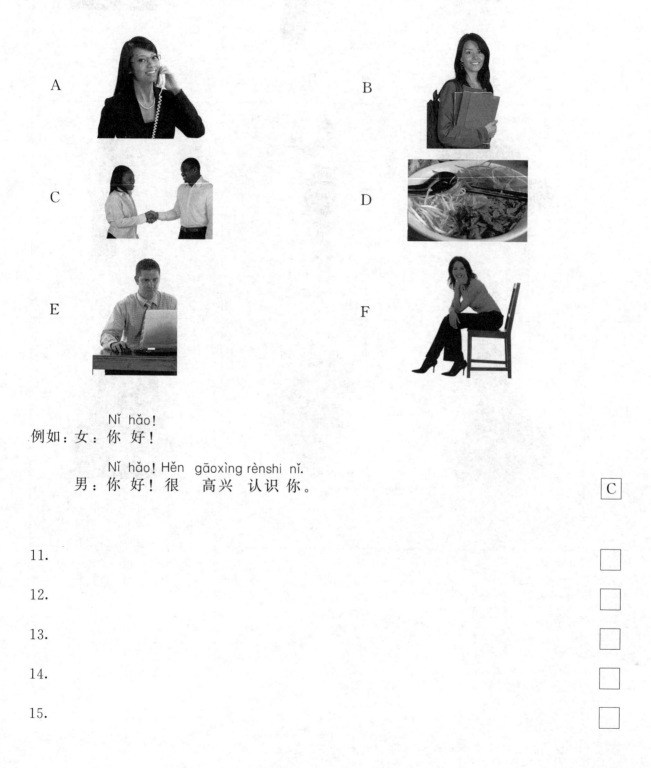

例如：女：Nǐ hǎo!
　　　　你 好！

　　　男：Nǐ hǎo! Hěn gāoxìng rènshi nǐ.
　　　　你 好！ 很 高兴 认识 你。　　　　C

11.

12.

13.

14.

15.

第四部分

第 16－20 题

例如：
Xiàwǔ wǒ qù shāngdiàn, wǒ xiǎng mǎi yìxiē shuǐguǒ.
下午 我 去 商店， 我 想 买 一些 水果。

问：
Tā xiàwǔ qù nǎli?
她 下午 去 哪里？

A　shāngdiàn 商店 ✓　　　B　yīyuàn 医院　　　C　xuéxiào 学校

16. A　wǔ diǎn 五 点　　　B　sì diǎn sìshí 四 点 四十　　　C　wǔ diǎn èrshí 五 点 二十

17. A　shū 书　　　B　diànshì 电视　　　C　diànyǐng 电影

18. A　xīngqīyī 星期一　　　B　xīngqīliù 星期六　　　C　xīngqītiān 星期天

19. A　jiǔ diǎn 九 点　　　B　shí diǎn sānshí 十 点 三十　　　C　shíyī diǎn sānshí 十一 点 三十

20. A　hěn xiǎo 很 小　　　B　hěn dà 很 大　　　C　hěn piàoliang 很 漂亮

二、阅 读

第 一 部 分

第 21－25 题

例如：	[相机图片]	diànshì 电视	✗
	[飞机图片]	fēijī 飞机	✓
21.	[电视图片]	diànnǎo 电脑	
22.	[往杯子倒水图片]	shuǐ 水	
23.	[桌子图片]	zhuōzi 桌子	
24.	[瓶子图片]	bēizi 杯子	
25.	[喝水图片]	hē 喝	

— 46 —

第二部分

第 26－30 题

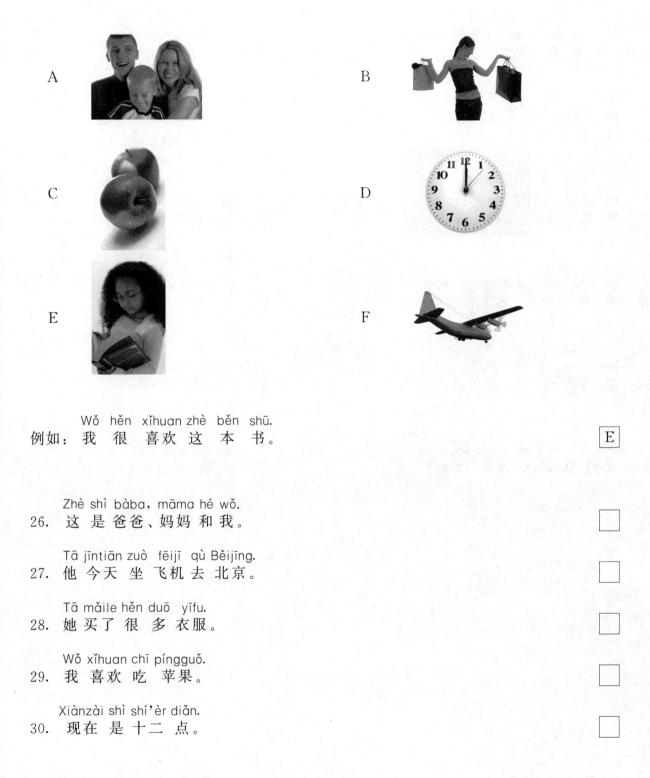

例如： Wǒ hěn xǐhuan zhè běn shū.
我 很 喜欢 这 本 书。 E

26. Zhè shì bàba, māma hé wǒ.
这 是 爸爸、妈妈 和 我。

27. Tā jīntiān zuò fēijī qù Běijīng.
他 今天 坐 飞机 去 北京。

28. Tā mǎile hěn duō yīfu.
她 买了 很 多 衣服。

29. Wǒ xǐhuan chī píngguǒ.
我 喜欢 吃 苹果。

30. Xiànzài shì shí'èr diǎn.
现在 是 十二 点。

第三部分

第 31—35 题

例如：Nǐ hē shuǐ ma? 你 喝 水 吗? [F]   A Liù diǎn èrshí fēn. 六 点 二十 分。

31. Nǐ zhù zài nǎr? 你 住 在 哪儿? [ ]   B Wǒ péngyou. 我 朋友。

32. Nǐ jǐ diǎnzhōng néng lái? 你 几 点钟 能 来? [ ]   C Zuò chūzūchē. 坐 出租车。

33. Tā jiào shénme míngzi? 她 叫 什么 名字? [ ]   D Lǐ Xiǎoyǔ. 李 小雨。

34. Nà liǎng ge rén shì shéi? 那 两 个 人 是 谁? [ ]   E Běijīng. 北京。

35. Wǒmen zěnme qù nàge shūdiàn? 我们 怎么 去 那个 书店? [ ]   F Hǎo de, xièxie! 好 的，谢谢！

第四部分

第36—40题

       qián   yǐzi   piàoliang   míngzi   tài   xiē
  A 前   B 椅子   C 漂亮   D 名字   E 太   F 些

    Nǐ jiào shénme
例如：你 叫 什么 （ D ）？

    Jīntiān tiānqì   rè le.
36. 今天 天气 （ ）热 了。

    Wǒ de lǎoshī hěn
37. 我 的 老师 很 （ ）。

    Wǒ huì shuō yì   Hànyǔ.
38. 我 会 说 一（ ）汉语。

    Māma, nǐ kànjiàn wǒ de shū le ma?
39. 男：妈妈，你 看见 我 的 书 了 吗？

    Zài   shang.
    女：在 （ ） 上。

    Nǐ shì shénme shíhou lái Zhōngguó de?
40. 女：你 是 什么 时候 来 中国 的？

    Sān nián   .
    男：三 年 （ ）。

中文水平考试
HSK(一级)
全真模拟题 4

注 意

一、HSK（一级）分两部分：

  1. 听力（20题，约15分钟）

  2. 阅读（20题，17分钟）

二、听力结束后，有3分钟填写答题卡。

三、全部考试约40分钟（含考生填写个人信息时间5分钟）。

中国 北京   XXXX/XXXXXXX 编制

HSK（一级）自测评分表

考试内容	满分	题量	每题分值	你答对的题数	你的分数
听力	100	20	5		
阅读	100	20	5		
				总分	

使用说明

1. 填入你答对的题数

2. 每题分值＊你答对的题数＝你的分数

3. 听力分数＋阅读分数＝你的总分

一、听　力

第一部分

第 1－5 题

例如：	(photo of laughing girl)	✓
	(photo of children reading)	✗
1.	(photo of cheering group)	
2.	(photo of fruit bowl)	
3.	(photo of child swimming)	
4.	(photo of person with umbrella)	
5.	(photo of child with glass of milk)	

第二部分

第 6－10 题

例如：	A ✓	B	C
6.	A	B	C
7.	A	B	C

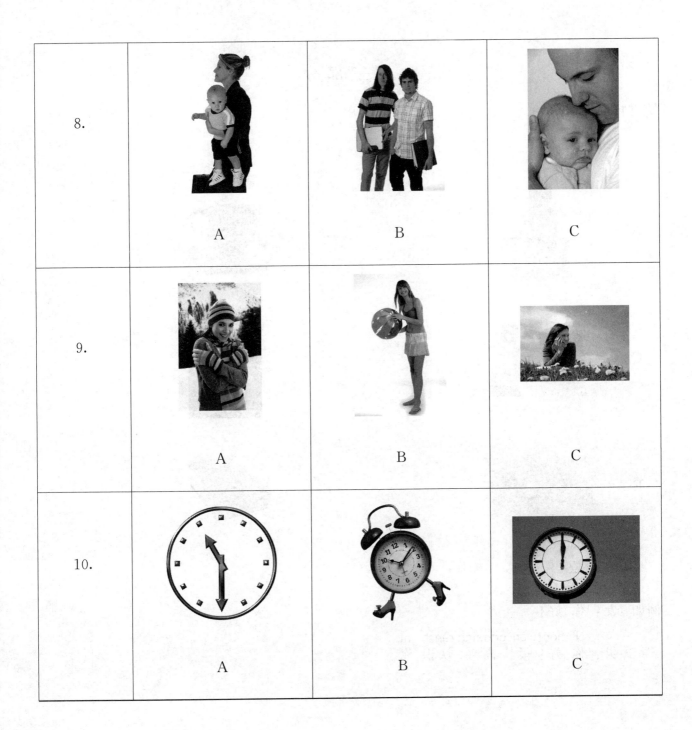

第三部分

第 11—15 题

A　　　　　　　　　　　　　B

C　　　　　　　　　　　　　D

E　　　　　　　　　　　　　F

例如：女：Nǐ hǎo!
　　　　你 好！

　　　男：Nǐ hǎo! Hěn gāoxìng rènshi nǐ.
　　　　你 好！很 高兴 认识 你。　　　　　　C

11. ☐
12. ☐
13. ☐
14. ☐
15. ☐

第四部分

第 16－20 题

例如：Xiàwǔ wǒ qù shāngdiàn, wǒ xiǎng mǎi yìxiē shuǐguǒ.
下午 我 去 商店，我 想 买 一些 水果。

问：Tā xiàwǔ qù nǎli?
她 下午 去 哪里？

    A shāngdiàn 商店 ✓   B yīyuàn 医院   C xuéxiào 学校

16. A xuéxí 学习   B gōngzuò 工作   C kàn diànshì 看 电视

17. A fàndiàn 饭店   B shāngdiàn 商店   C péngyou jiā 朋友 家

18. A xuésheng 学生   B yīshēng 医生   C lǎoshī 老师

19. A shūdiàn 书店   B yīyuàn 医院   C diànyǐngyuàn 电影院

20. A xuéxiào lǐmiàn 学校 里面   B xuéxiào hòumiàn 学校 后面   C xuéxiào qiánmiàn 学校 前面

二、阅 读

第一部分

第 21－25 题

例如：		diànshì 电视	×
		fēijī 飞机	✓
21.		mǐfàn 米饭	
22.		gāoxìng 高兴	
23.		xiě 写	
24.		yīfu 衣服	
25.		zuò 坐	

第二部分

第 26—30 题

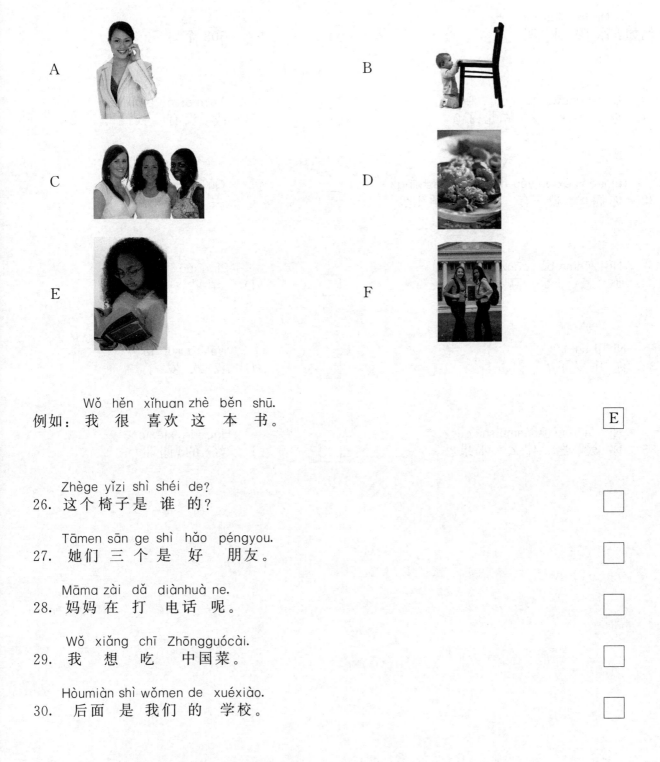

例如：Wǒ hěn xǐhuan zhè běn shū.
我 很 喜欢 这 本 书。   E

26. Zhège yǐzi shì shéi de?
    这个 椅子 是 谁 的？

27. Tāmen sān ge shì hǎo péngyou.
    她们 三 个 是 好 朋友。

28. Māma zài dǎ diànhuà ne.
    妈妈 在 打 电话 呢。

29. Wǒ xiǎng chī Zhōngguócài.
    我 想 吃 中国菜。

30. Hòumiàn shì wǒmen de xuéxiào.
    后面 是 我们 的 学校。

第三部分

第 31—35 题

例如：你 喝 水 吗？　　[F]　　A　308 个。

31. 你 上午 去 哪儿 了？　　[ ]　　B　我 没有 钱 了。

32. 你们 学校 有 多少 学生？　　[ ]　　C　去 火车站 了。

33. 你 怎么 不 高兴？　　[ ]　　D　苹果。

34. 你 几岁 了？　　[ ]　　E　我 八岁 了。

35. 你 爱吃 什么 水果？　　[ ]　　F　好的，谢谢！

第四部分

第36—40题

  A 认识 B 杯子 C 会 D 名字 E 电影 F 茶

例如：你 叫 什么（ D ）？

36. 男：你 喜欢 看（   ）吗？

  女：不 太 喜欢。

37. 我 不（   ）那个 人。

38. 男：小姐，你 的（   ）来 了。

  女：谢谢。

39. 男：这个（   ）多少 钱？

  女：一 个 六 块，两 个 十 块。

40. 他（   ）说 汉语。

中文水平考试
HSK（一级）
全真模拟题 5

注 意

一、HSK（一级）分两部分：

1. 听力（20题，约15分钟）

2. 阅读（20题，17分钟）

二、听力结束后，有3分钟填写答题卡。

三、全部考试约40分钟（含考生填写个人信息时间5分钟）。

中国 北京　　　　　　　　　　　XXXX/XXXXXXX 编制

HSK（一级）自测评分表

考试内容	满分	题量	每题分值	你答对的题数	你的分数
听力	100	20	5		
阅读	100	20	5		
				总分	

使用说明

1. 填入你答对的题数
2. 每题分值＊你答对的题数＝你的分数
3. 听力分数＋阅读分数＝你的总分

一、听　力

第一部分

第 1－5 题

例如：	(图：笑脸女孩)	✓
	(图：三个孩子看书)	✗
1.	(图：女士打电话)	
2.	(图：草莓)	
3.	(图：婴儿)	
4.	(图：车内女子)	
5.	(图：小孩吃饭)	

第 二 部 分

第 6－10 题

例如：	A ✓	B	C
6.	A	B	C
7.	A	B	C

第三部分

第 11—15 题

A B C D E F

例如：女：Nǐ hǎo!
　　　　你 好！

　　　男：Nǐ hǎo! Hěn gāoxìng rènshi nǐ.
　　　　你 好！ 很 高兴 认识 你。　　C

11.

12.

13.

14.

15.

第四部分

第 16-20 题

例如：Xiàwǔ wǒ qù shāngdiàn, wǒ xiǎng mǎi yìxiē shuǐguǒ.
下午 我 去 商店，我 想 买 一些 水果。

问：Tā xiàwǔ qù nǎli?
她 下午 去 哪里？

　　A shāngdiàn 商店 ✓　　B yīyuàn 医院　　C xuéxiào 学校

16. A jiā li 家里　　B xuéxiào 学校　　C yīyuàn 医院

17. A xīngqīyī 星期一　　B xīngqīsì 星期四　　C xīngqīliù 星期六

18. A tài xiǎo 太小　　B tài dà 太大　　C bú piàoliang 不漂亮

19. A wǔ diǎn 五点　　B bā diǎn 八点　　C jiǔ diǎn 九点

20. A cài 菜　　B shuǐguǒ 水果　　C mǐfàn 米饭

二、阅 读

第一部分

第 21—25 题

例如：	(电视机图片)	diànshì 电视	✗
	(飞机图片)	fēijī 飞机	✓
21.	(小孩学习图片)	xuéxí 学习	
22.	(沙发图片)	zhuōzi 桌子	
23.	(喝水图片)	shuō 说	
24.	(功夫汉字图片)	Hànzì 汉字	
25.	(警察图片)	yīshēng 医生	

第二部分

第 26－30 题

A ![米饭]

B ![茶杯]

C ![小猫]

D ![开车]

E ![看书]

F ![书法]

例如：Wǒ hěn xǐhuan zhè běn shū.
我 很 喜欢 这 本 书。　　E

26. Nǚ'ér hěn xǐhuan xiǎo māo.
女儿 很 喜欢 小 猫。

27. Tā rènshi yìxiē Hànzì.
他 认识 一些 汉字。

28. Wǒ xiǎng chī mǐfàn.
我 想 吃 米饭。

29. Zhuōzi shang yǒu ge bēizi.
桌子 上 有 个 杯子。

30. Tā huì kāi chē.
她 会 开 车。

第三部分

第 31－35 题

例如：你 喝 水 吗？ Nǐ hē shuǐ ma? [F]   A 我 住 在 学校 里。 Wǒ zhù zài xuéxiào li.

31. 他的 衣服 怎么样？ Tāde yīfu zěnmeyàng? [ ]   B 坐 飞机 去。 Zuò fēijī qù.

32. 这 是 谁 的 电脑？ Zhè shì shéi de diànnǎo? [ ]   C 没有。 Méiyǒu.

33. 你 住 哪儿？ Nǐ zhù nǎr? [ ]   D 太 小 了。 Tài xiǎo le.

34. 你 怎么 去 北京？ Nǐ zěnme qù Běijīng? [ ]   E 老师，是 我 的。 Lǎoshī, shì wǒ de.

35. 你 今天 去 学校 了 吗？ Nǐ jīntiān qù xuéxiào le ma? [ ]   F 好 的，谢谢！ Hǎo de, xièxie!

第四部分

第 36－40 题

A 不客气（bú kèqi）　　B 冷（lěng）　　C 睡觉（shuì jiào）　　D 名字（míngzi）　　E 飞机（fēijī）　　F 东西（dōngxi）

例如：你 叫 什么（Nǐ jiào shénme）（ D ）？

36. 男：天气 太（Tiānqì tài）（　　）了。
　　女：来，喝 杯 热 茶。（Lái, hē bēi rè chá.）

37. 他 在 商店 里 买（Tā zài shāngdiàn li mǎi）（　　）呢。（ne.）

38. 我 回 家（Wǒ huí jiā）（　　）了。（le.）

39. 男：谢谢 你。（Xièxie nǐ.）
　　女：（　　）。

40. 我 想 坐（Wǒ xiǎng zuò）（　　）去 中国。（qù Zhōngguó.）

中文水平考试 HSK（一级）全真模拟题

听力材料

中文水平考试 HSK（一级）全真模拟题 1 听力材料

（音乐，30 秒，渐弱）

听力材料　扫码播放

Dàjiā hǎo! Huānyíng cānjiā　　　　yījí kǎo shì.
大家 好！ 欢迎 参加 HSK （一级） 考试。

Dàjiā hǎo! Huānyíng cānjiā　　　　yījí kǎo shì.
大家 好！ 欢迎 参加 HSK （一级） 考试。

Dàjiā hǎo! Huānyíng cānjiā　　　　yījí kǎo shì.
大家 好！ 欢迎 参加 HSK （一级） 考试。

　　　　　yījí　tīnglì kǎo shì fēn sì bùfen, gòng 20 tí.
HSK （一级） 听力 考 试 分 四 部分， 共 20 题。

Qǐng dàjiā zhùyì, tīnglì kǎo shì xiànzài kāishǐ.
请 大家 注意，听力 考 试 现在 开始。

Dì-yī bùfen
第一 部分

Yígòng 5 ge tí, měi tí tīng liǎng cì.
一共 5 个 题，每 题 听 两 次。

Lìrú: hěn gāoxìng
例如：很 高兴

　　　kàn diànyǐng
　　　看 电影

Xiànzài kāishǐ dì 1 tí：
现在 开始 第 1 题：

　　zài shuì jiào
1. 在 睡 觉

　　kàn shū
2. 看 书

　　māo hé gǒu
3. 猫 和 狗

　　liǎng ge yǐzi
4. 两 个 椅子

　　chī mǐfàn
5. 吃 米饭

— 77 —

Dì-èr bùfen
第二 部分

Yígòng 5 ge tí, měi tí tīng liǎng cì.
一共 5 个题，每题 听 两 次。

Lìrú: Zhè shì wǒ de shū.
例如：这 是 我 的 书。

Xiànzài kāishǐ dì 6 tí:
现在 开始 第 6 题：

Nǐ kàn, xiǎo gǒu zài chī dōngxi ne.
6. 你看， 小 狗 在 吃 东西 呢。

Zhè shì bàba de diànnǎo.
7. 这 是 爸爸 的 电脑。

Lǐ xiānsheng, qǐng hē chá.
8. 李 先生， 请 喝 茶。

Wǒ huì zuò Zhōngguócài.
9. 我 会 做 中国菜。

Tā zài dǎ diànhuà.
10. 她 在 打 电话。

Dì-sān bùfen
第三 部分

Yígòng 5 ge tí, měi tí tīng liǎng cì.
一共 5 个题，每题 听 两 次。

Lìrú: Nǐ hǎo!
例如：女： 你 好！

Nǐ hǎo! Hěn gāoxìng rènshi nǐ.
男： 你 好！ 很 高兴 认识 你。

Xiànzài kāishǐ dì 11 tí:
现在 开始 第 11 题：

Nǐ shàngwǔ jǐ diǎnzhōng qù xuéxiào?
11. 女： 你 上午 几 点钟 去 学校？

Jiǔ diǎnzhōng.
男： 九 点钟。

— 78 —

12. 男：Nǐ rènshi tā ma?
    你 认识 她 吗?
    女：Rènshi, tā shì wǒ de Hànyǔ lǎoshī.
    认识, 她 是 我 的 汉语 老师。

13. 女：Nǐ huì xiě Hànzì ma?
    你 会 写 汉字 吗?
    男：Huì. Wǒ xué Hànyǔ liǎng nián duō le.
    会。我 学 汉语 两 年 多 了。

14. 男：Nǐ de chábēi zài nǎr mǎi de?
    你 的 茶杯 在 哪儿 买 的?
    女：Wǒ jiā hòubian de shāngdiàn li.
    我 家 后边 的 商店 里。

15. 女：Nǐ érzi zài nǎr gōngzuò?
    你 儿子 在 哪儿 工作?
    男：Wǒ érzi zài yīyuàn gōngzuò.
    我 儿子 在 医院 工作。

Dì-sì bùfen
第四 部分

Yígòng 5 ge tí, měi tí tīng liǎng cì.
一共 5 个 题, 每 题 听 两 次。

Lìrú: Xiàwǔ wǒ qù shāngdiàn, wǒ xiǎng mǎi yìxiē shuǐguǒ.
例如: 下午 我 去 商店, 我 想 买 一些 水果。
问：Tā xiàwǔ qù nǎli?
    她 下午 去 哪里?

Xiànzài kāishǐ dì 16 tí:
现在 开始 第 16 题:

16. Jīntiān tài lěng le, wǒ bù xiǎng qù kàn diànyǐng.
    今天 太 冷 了, 我 不 想 去 看 电影。
    问：Jīntiān tiānqì zěnmeyàng?
        今天 天气 怎么样?

17. Zhōngwǔ māma méiyǒu zuò fàn, wǒmen qù fàndiàn chī ba.
    中午 妈妈 没有 做 饭, 我们 去 饭店 吃 吧。
    问：Tāmen zhōngwǔ qù nǎli?
        他们 中午 去 哪里?

18. Zhè běn shū shì wǒ péngyou mǎi de, wǒ hěn xǐhuan.
    这 本 书 是 我 朋友 买 的, 我 很 喜欢。
    问：Shū shì shéi mǎi de?
        书 是 谁 买 的?

Míngtiān xiàwǔ wǒ xiǎng hé bàba qù kàn diànyǐng.
19. 明天 下午 我 想 和 爸爸 去 看 电影。

Míngtiān xiàwǔ tā xiǎng qù nǎli?
问：明天 下午 他 想 去 哪里？

Wǒ péngyou shì yí ge lǎoshī, jīnnián sānshí suì le.
20. 我 朋友 是 一 个 老师，今年 三十 岁 了。

Tā péngyou zài nǎr gōngzuò?
问：她 朋友 在 哪儿 工作？

Tīnglì kǎo shì xiànzài jiéshù.
听力 考 试 现在 结束。

中文水平考试 HSK（一级）全真模拟题 2 听力材料

（音乐，30秒，渐弱）

听力材料　扫码播放

Dàjiā hǎo! Huānyíng cānjiā HSK yījí kǎo shì.
大家 好！ 欢迎 参加 HSK （一级） 考 试。

Dàjiā hǎo! Huānyíng cānjiā HSK yījí kǎo shì.
大家 好！ 欢迎 参加 HSK （一级） 考 试。

Dàjiā hǎo! Huānyíng cānjiā HSK yījí kǎo shì.
大家 好！ 欢迎 参加 HSK （一级） 考 试。

HSK yījí tīnglì kǎo shì fēn sì bùfen, gòng 20 tí.
HSK （一级） 听力 考 试 分 四 部分， 共 20 题。

Qǐng dàjiā zhùyì, tīnglì kǎo shì xiànzài kāishǐ.
请 大家 注意，听力 考 试 现在 开始。

Dì-yī bùfen
第一 部分

Yígòng 5 ge tí, měi tí tīng liǎng cì.
一共 5 个 题，每 题 听 两 次。

Lìrú: hěn gāoxìng
例如：很 高兴

　　　kàn diànyǐng
　　　看 电影

Xiànzài kāishǐ dì 1 tí:
现在 开始 第 1 题：

　　xià yǔ
1. 下 雨

　　mǎi yīfu
2. 买 衣服

　　chī píngguǒ
3. 吃 苹果

　　kàn diànshì
4. 看 电视

　　qù xuéxiào
5. 去 学校

Dì-èr bùfen
第二 部分

Yígòng 5 ge tí, měi tí tīng liǎng cì.
一共 5 个 题，每 题 听 两 次。

Lìrú: Zhè shì wǒ de shū.
例如：这 是 我 的 书。

Xiànzài kāishǐ dì 6 tí:
现在 开始 第 6 题：

    Xiànzài shì wǔ diǎn.
6. 现在 是 五 点。

    Tā shì zuò fēijī qù Běijīng de.
7. 他 是 坐 飞机 去 北京 的。

    Tā jiā yǒu wǔ ge rén.
8. 他 家 有 五 个 人。

    Jīntiān tiānqì hěn rè.
9. 今天 天气 很 热。

    Wǒ péngyou shì yīshēng.
10. 我 朋友 是 医生。

Dì-sān bùfen
第三 部分

Yígòng 5 ge tí, měi tí tīng liǎng cì.
一共 5 个 题，每 题 听 两 次。

Lìrú: Nǐ hǎo!
例如：女：你 好！

    Nǐ hǎo! Hěn gāoxìng rènshi nǐ.
男：你 好！很 高兴 认识 你。

Xiànzài kāishǐ dì 11 tí:
现在 开始 第 11 题：

    Nǐ shì Zhōngguórén ma?
11. 男：你 是 中国人 吗？

    Shì, wǒ ài Zhōngguó.
女：是，我 爱 中国。

    Nǐ kàn jiàn wǒ de bēizi le ma?
12. 女：你 看 见 我 的 杯子 了 吗？

    Zài zhuōzi shang.
男：在 桌子 上。

13. 女：Zhè shì nǐ de shū ma?
    这 是 你 的 书 吗？

    男：Bú shì, zhè shì wǒ péngyou de shū.
    不 是，这 是 我 朋友 的 书。

14. 女：Nǐ shì zěnme lái Běijīng de?
    你 是 怎么 来 北京 的？

    男：Wǒ shì zuò huǒchē lái de.
    我 是 坐 火车 来 的。

15. 女：Nǐ nǚ'ér zài nǎr gōngzuò?
    你 女儿 在 哪儿 工作？

    男：Tā zài fàndiàn gōngzuò.
    她 在 饭店 工作。

Dì-sì bùfen
第四 部分

Yígòng 5 ge tí, měi tí tīng liǎng cì.
一共 5 个 题，每 题 听 两 次。

Lìrú: Xiàwǔ wǒ qù shāngdiàn, wǒ xiǎng mǎi yìxiē shuǐguǒ.
例如：下午 我 去 商店，我 想 买 一些 水果。

问：Tā xiàwǔ qù nǎli?
她 下午 去 哪里？

Xiànzài kāishǐ dì 16 tí:
现在 开始 第 16 题：

16. Jīntiān yǔ tài dà le, wǒ shì zuò chūzūchē qù xuéxiào de.
    今天 雨 太 大 了，我 是 坐 出租车 去 学校 的。

    问：Tā shì zěnme qù xuéxiào de?
    她 是 怎么 去 学校 的？

17. Wǒ bú huì kāi chē, wǒ bàba huì kāi.
    我 不 会 开 车，我 爸爸 会 开。

    问：Shéi huì kāi chē?
    谁 会 开 车？

18. Tā lái Zhōngguó sì nián duō le, tā hěn xǐhuan Zhōngguó.
    她 来 中国 四 年 多 了，她 很 喜欢 中国。

    问：Tā lái Zhōngguó jǐ nián le?
    她 来 中国 几 年 了？

19. Wǒ huì xiě hěn duō Hànzì, Hànyǔ lǎoshī hěn gāoxìng.
    我 会 写 很 多 汉字，汉语 老师 很 高兴。

    问：Tā huì shénme?
    她 会 什么？

20. Wǒ de diànnǎo shì bāyuè èrshí hào mǎi de, mǎile jiǔ tiān le.
我 的 电脑 是 八月 二十 号 买 的，买了 九 天 了。
问：Diànnǎo shì shénme shíhou mǎi de?
电脑 是 什么 时候 买 的？

Tīnglì kǎo shì xiànzài jiéshù.
听力 考 试 现在 结束。

中文水平考试 HSK（一级）全真模拟题 3 听力材料

（音乐，30秒，渐弱）

听力材料　扫码播放

Dàjiā hǎo! Huānyíng cānjiā HSK yījí kǎoshì.
大家 好！ 欢迎 参加 HSK （一级） 考试。

Dàjiā hǎo! Huānyíng cānjiā HSK yījí kǎoshì.
大家 好！ 欢迎 参加 HSK （一级） 考试。

Dàjiā hǎo! Huānyíng cānjiā HSK yījí kǎoshì.
大家 好！ 欢迎 参加 HSK （一级） 考试。

HSK yījí tīnglì kǎoshì fēn sì bùfen, gòng 20 tí.
HSK （一级） 听力 考 试 分 四 部分， 共 20 题。

Qǐng dàjiā zhùyì, tīnglì kǎoshì xiànzài kāishǐ.
请 大家 注意， 听力 考 试 现在 开始。

Dì-yī bùfen
第一 部分

Yígòng 5 ge tí, měi tí tīng liǎng cì.
一共 5 个 题， 每 题 听 两 次。

Lìrú: hěn gāoxìng
例如：很 高兴

　　　kàn diànyǐng
　　　看 电影

Xiànzài kāishǐ dì 1 tí:
现在 开始 第 1 题：

　　yìxiē shuǐguǒ
1. 一些 水果

　　Zhōngguócài
2. 中国菜

　　sān běn shū
3. 三 本 书

　　kàn yīshēng
4. 看 医生

　　jiǔ diǎn
5. 九 点

— 85 —

Dì-èr bùfen
第二 部分

Yígòng 5 ge tí, měi tí tīng liǎng cì.
一共 5 个 题，每 题 听 两 次。

    Lìrú： Zhè shì wǒ de shū.
例如：这 是 我 的 书。

Xiànzài kāishǐ dì 6 tí：
现在 开始 第 6 题：

    Wáng xiǎojiě hěn xǐhuan xiǎo gǒu.
6. 王 小姐 很 喜欢 小 狗。

    Shū zài zhuōzi shang.
7. 书 在 桌子 上。

    Tā huì xiě Hànzì.
8. 他 会 写 汉字。

    Wǒ jiějie zài fàndiàn gōngzuò.
9. 我 姐姐 在 饭店 工作。

    Wǒ nǚ'ér ài chī píngguǒ.
10. 我 女儿 爱 吃 苹果。

Dì-sān bùfen
第三 部分

Yígòng 5 ge tí, měi tí tīng liǎng cì.
一共 5 个 题，每 题 听 两 次。

    Lìrú： Nǐ hǎo!
例如：女： 你 好！

    Nǐ hǎo! Hěn gāoxìng rènshi nǐ.
    男： 你 好！很 高兴 认识 你。

Xiànzài kāishǐ dì 11 tí：
现在 开始 第 11 题：

    Nǐ huì zuò fàn ma?
11. 男： 你 会 做 饭 吗？

    Huì, wǒ huì zuò Zhōngguócài.
    女： 会，我 会 做 中国菜。

    Wèi, qǐngwèn Lǐ xiānsheng zài ma?
12. 女： 喂，请问 李 先生 在 吗？

    Duìbuqǐ, tā bú zài.
    男： 对不起，他 不 在。

Bàba qù nǎr le?
13. 男：爸爸 去 哪儿 了？

Tā zài gōngzuò ne.
女：他 在 工作 呢。

Duìbuqǐ, zhèr yǒu rén le.
14. 男：对不起，这儿 有 人 了。

Méi guānxi, wǒ zuò nàr.
女：没 关系，我 坐 那儿。

Tā shì shéi? Nǐ rènshi tā ma?
15. 男：她 是 谁？你 认识 她 吗？

Rènshi, tā shì wǒ de tóngxué.
女：认识，她 是 我 的 同学。

Dì-sì bùfen
第四 部分

Yígòng 5 ge tí, měi tí tīng liǎng cì.
一共 5 个 题，每 题 听 两 次。

Lìrú: Xiàwǔ wǒ qù shāngdiàn, wǒ xiǎng mǎi yìxiē shuǐguǒ.
例如：下午 我 去 商店，我 想 买 一些 水果。

Tā xiàwǔ qù nǎli?
问：她 下午 去 哪里？

Xiànzài kāishǐ dì 16 tí：
现在 开始 第 16 题：

Xiànzài shì wǔ diǎnzhōng, wǒ èrshí fēnzhōng hòu huí jiā.
16. 现在 是 五 点钟，我 二十 分钟 后 回 家。

Tā shénme shíhou huí jiā?
问：他 什么 时候 回 家？

Wǒ érzi xǐhuan kàn diànshì, bù xǐhuan kàn shū.
17. 我 儿子 喜欢 看 电视，不 喜欢 看 书。

Tā érzi xǐhuan kàn shénme?
问：她 儿子 喜欢 看 什么？

Jīntiān shì xīngqītiān, wǒ méiyǒu qù xuéxiào.
18. 今天 是 星期天，我 没有 去 学校。

Jīntiān xīngqī jǐ?
问：今天 星期 几？

Māma jiǔ diǎn qù shāngdiàn mǎi dōngxi, shíyī diǎn sānshí huílai.
19. 妈妈 九 点 去 商店 买 东西，十一 点 三十 回来。

Māma shénme shíhou huílai?
问：妈妈 什么 时候 回来？

20. Tā de yīfu hěn piàoliang, shì tā māma mǎi de.
她的衣服很漂亮，是她妈妈买的。

问：Tā de yīfu zěnmeyàng?
她的衣服怎么样？

Tīnglì kǎoshì xiànzài jiéshù.
听力考试现在结束。

中文水平考试 HSK（一级）全真模拟题 4 听力材料

（音乐，30秒，渐弱）

Dàjiā hǎo! Huānyíng cānjiā　　　yījí　kǎo shì.
大家 好！ 欢迎 参加 HSK（一级） 考试。

Dàjiā hǎo! Huānyíng cānjiā　　　yījí　kǎo shì.
大家 好！ 欢迎 参加 HSK（一级） 考试。

Dàjiā hǎo! Huānyíng cānjiā　　　yījí　kǎo shì.
大家 好！ 欢迎 参加 HSK（一级） 考试。

　　　　　yījí　tīnglì kǎo shì fēn sì bùfen, gòng 20 tí.
HSK（一级） 听力 考试 分 四 部分， 共 20 题。

Qǐng dàjiā zhùyì, tīnglì kǎo shì xiànzài kāishǐ.
请 大家 注意，听力 考 试 现在 开始。

听力材料　扫码播放

Dì-yī bùfen
第一 部分

Yígòng 5 ge tí, měi tí tīng liǎng cì.
一共 5 个题，每 题 听 两 次。

Lìrú: hěn gāoxìng
例如：很 高兴

　　　kàn diànyǐng
　　　看 电影

Xiànzài kāishǐ dì 1 tí:
现在 开始 第 1 题：

　　hěn duō rén
1. 很 多 人

　　yìxiē bēizi
2. 一些 杯子

　　zài xuéxí
3. 在 学习

　　xià yǔ
4. 下 雨

　　hē chá
5. 喝 茶

89

Dì-èr bùfen
第二 部分

Yígòng 5 ge tí, měi tí tīng liǎng cì.
一共 5 个 题，每 题 听 两 次。

Lìrú： Zhè shì wǒ de shū.
例如：这 是 我 的 书。

Xiànzài kāishǐ dì 6 tí：
现在 开始 第 6 题：

    Xiǎo māo zài shuì jiào ne.
6. 小 猫 在 睡 觉 呢。

    Wǒ māma shì lǎoshī.
7. 我 妈妈 是 老师。

    Tāmen liǎng ge dōu shì wǒ de tóngxué.
8. 他们 两 个 都 是 我 的 同学。

    Xià xuě le, tài lěng le.
9. 下 雪 了，太 冷 了。

    Xiànzài shí'èr diǎn le.
10. 现在 十二 点 了。

Dì-sān bùfen
第三 部分

Yígòng 5 ge tí, měi tí tīng liǎng cì.
一共 5 个 题，每 题 听 两 次。

Lìrú： Nǐ hǎo!
例如：女：你 好！

    Nǐ hǎo! Hěn gāoxìng rènshi nǐ.
男：你 好！很 高兴 认识 你。

Xiànzài kāishǐ dì 11 tí：
现在 开始 第 11 题：

    Nǐ huì zuò cài ma?
11. 男：你 会 做 菜 吗？

    Huì, wǒ huì zuò hěn duō cài.
女：会，我 会 做 很 多 菜。

12. 女： Nǐ érzi jǐ suì le?
    你 儿子 几 岁 了?
    男： Wǒ érzi wǔ suì duō le.
    我 儿子 五 岁 多 了。

13. 男： Zhè běn shū shì shéi de?
    这 本 书 是 谁 的?
    女： Shì wǒ péngyou de.
    是 我 朋友 的。

14. 女： Nǐ kàn wǒ mǎi de yīfu zěnmeyàng?
    你 看 我 买 的 衣服 怎么样?
    男： Hěn piàoliang.
    很 漂亮。

15. 女： Wǒ hěn xǐhuan zhège bēizi, xièxie nǐ.
    我 很 喜欢 这个 杯子,谢谢 你。
    男： Bú kèqi.
    不 客气。

Dì-sì bùfen
第四 部分

Yígòng 5 ge tí, měi tí tīng liǎng cì.
一共 5 个 题,每 题 听 两 次。

Lìrú: Xiàwǔ wǒ qù shāngdiàn, wǒ xiǎng mǎi yìxiē shuǐguǒ.
例如:下午 我 去 商店,我 想 买 一些 水果。
    Tā xiàwǔ qù nǎli?
问: 她 下午 去 哪里?

Xiànzài kāishǐ dì 16 tí:
现在 开始 第 16 题:

16. Xiànzài wǒ xiǎng kàn diànshì, bù xiǎng xuéxí.
    现在 我 想 看 电视,不 想 学习。
    Xiànzài tā xiǎng zuò shénme?
问: 现在 他 想 做 什么?

17. Jīntiān zhōngwǔ péngyou qǐng wǒmen qù tā jiā chī fàn.
    今天 中午 朋友 请 我们 去 他家 吃饭。
    Jīntiān zhōngwǔ tāmen qù nǎli?
问: 今天 中午 他们 去 哪里?

18. Wǒ nǚ'ér jīnnián èrshí suì, zài Běijīng Dàxué shàng xué.
    我 女儿 今年 二十 岁,在 北京 大学 上 学。
    Tā nǚ'ér shì zuò shénme de?
问: 她 女儿 是 做 什么 的?

19. 李小姐说："我在书店看见你朋友了。"

　　问：李小姐在哪儿看见我朋友了？

20. 小明的爸爸是老师，他家在学校里面。

　　问：小明家在哪儿？

听力考试现在结束。

中文水平考试 HSK（一级）全真模拟题 5 听力材料

（音乐，30秒，渐弱）

听力材料　扫码播放

Dàjiā hǎo! Huānyíng cānjiā HSK (yījí) kǎoshì.
大家 好！ 欢迎 参加 HSK （一级） 考试。

Dàjiā hǎo! Huānyíng cānjiā HSK (yījí) kǎoshì.
大家 好！ 欢迎 参加 HSK （一级） 考试。

Dàjiā hǎo! Huānyíng cānjiā HSK (yījí) kǎoshì.
大家 好！ 欢迎 参加 HSK （一级） 考试。

HSK (yījí) tīnglì kǎoshì fēn sì bùfen, gòng 20 tí.
HSK （一级） 听力 考试 分 四 部分， 共 20 题。

Qǐng dàjiā zhùyì, tīnglì kǎoshì xiànzài kāishǐ.
请 大家 注意， 听力 考试 现在 开始。

Dì-yī bùfen
第一 部分

Yígòng 5 ge tí, měi tí tīng liǎng cì.
一共 5 个 题， 每 题 听 两 次。

Lìrú: hěn gāoxìng
例如：很 高兴

　　　kàn diànyǐng
　　　看 电影

Xiànzài kāishǐ dì 1 tí:
现在 开始 第 1 题：

　　dǎ diànhuà
1. 打 电话

　　yìxiē píngguǒ
2. 一些 苹果

　　zài gōngzuò
3. 在 工作

　　kāi chē
4. 开 车

　　chī mǐfàn
5. 吃 米饭

Dì-èr bùfen
第二 部分

Yígòng 5 ge tí, měi tí tīng liǎng cì.
一共 5 个 题，每 题 听 两 次。

Lìrú： Zhè shì wǒ de shū.
例如：这 是 我 的 书。

Xiànzài kāishǐ dì 6 tí：
现在 开始 第 6 题：

Tā hěn xǐhuan kàn diànshì.
6. 他 很 喜欢 看 电视。

Wǒ shì zuótiān shí diǎn shuì jiào de.
7. 我 是 昨天 十 点 睡 觉 的。

Wèi, qǐngwèn Zhāng xiānsheng zài ma?
8. 喂，请问 张 先生 在 吗？

Wǒ bàba jīntiān bú tài gāoxìng.
9. 我 爸爸 今天 不 太 高兴。

Zhè shì wǒ tóngxué de diànnǎo.
10. 这 是 我 同学 的 电脑。

Dì-sān bùfen
第三 部分

Yígòng 5 ge tí, měi tí tīng liǎng cì.
一共 5 个 题，每 题 听 两 次。

Lìrú： Nǐ hǎo!
例如：女：你 好！

Nǐ hǎo! Hěn gāoxìng rènshi nǐ.
男：你 好！很 高兴 认识 你。

Xiànzài kāishǐ dì 11 tí：
现在 开始 第 11 题：

Māma qù nǎli le?
11. 男：妈妈 去 哪里 了？

Tā zài zuò fàn ne.
女：她 在 做 饭 呢。

12. 女： Zhuōzi shang de shū shì shéi de?
    桌子 上 的 书 是 谁 的？
    男： Shì wǒ bàba mǎi de.
    是 我 爸爸 买 的。

13. 女： Jīntiān de diànyǐng zěnmeyàng?
    今天 的 电影 怎么样？
    女： Hěn hǎo, wǒ hěn xǐhuan.
    很 好，我 很 喜欢。

14. 男： Nǐ shì zěnme lái Běijīng de?
    你 是 怎么 来 北京 的？
    女： Wǒ shì zuò fēijī lái de.
    我 是 坐 飞机 来 的。

15. 男： Nǐ rènshi Wáng xiǎojiě ma?
    你 认识 王 小姐 吗？
    女： Rènshi, tā shì wǒ de lǎoshī.
    认识，她 是 我 的 老师。

Dì-sì bùfen
第四 部分

Yígòng 5 ge tí, měi tí tīng liǎng cì.
一共 5 个 题，每 题 听 两 次。

Lìrú: Xiàwǔ wǒ qù shāngdiàn, wǒ xiǎng mǎi yìxiē shuǐguǒ.
例如：下午 我 去 商店，我 想 买 一些 水果。
　　　Tā xiàwǔ qù nǎli?
问： 她 下午 去 哪里？

Xiànzài kāishǐ dì 16 tí:
现在 开始 第 16 题：

16. Xiàwǔ wǒ méiyǒu qù xuéxiào, wǒ zài jiā xuéxí.
    下午 我 没有 去 学校，我 在 家 学习。
    Xiàwǔ tā zài nǎr?
    问： 下午 他 在 哪儿？

17. Tā xiànzài zài Běijīng, xīngqīsì huílai.
    他 现在 在 北京，星期四 回来。
    Tā shénme shíhou huílai?
    问： 他 什么 时候 回来？

18. Zhège bēizi tài dà le, wǒ bù xǐhuan.
    这个 杯子 太 大 了，我 不 喜欢。
    Zhège bēizi zěnmeyàng?
    问： 这个 杯子 怎么样？

19. Wǒ nǚ'ér jīntiān shàngwǔ bā diǎn dào xuéxiào, xiàwǔ wǔ diǎn huílai.
　　我女儿今天上午八点到学校，下午五点回来。
　　问：Tā nǚ'ér jǐ diǎn huí jiā?
　　问：他女儿几点回家？

20. Zhōngwǔ wǒ bù xiǎng chī fàn, chīle hěn duō shuǐguǒ.
　　中午我不想吃饭，吃了很多水果。
　　问：Zhōngwǔ tā chīle shénme?
　　问：中午她吃了什么？

Tīnglì kǎoshì xiànzài jiéshù.
听力考试现在结束。

中文水平考试 HSK（一级）全真模拟题

答　案

中文水平考试 HSK（一级）全真模拟题 1 答案

一、听　力

第 一 部 分

1. ✓ 2. ✗ 3. ✓ 4. ✓ 5. ✗

第 二 部 分

6. A 7. C 8. B 9. B 10. A

第 三 部 分

11. B 12. A 13. D 14. E 15. F

第 四 部 分

16. A 17. B 18. B 19. C 20. B

二、阅　读

第 一 部 分

21. ✓ 22. ✗ 23. ✗ 24. ✓ 25. ✓

第 二 部 分

26. D 27. B 28. A 29. C 30. F

第 三 部 分

31. D 32. E 33. A 34. B 35. C

第 四 部 分

36. B 37. A 38. F 39. C 40. E

中文水平考试 HSK（一级）全真模拟题 2 答案

一、听 力

第一部分

1. ×   2. ×   3. √   4. ×   5. √

第二部分

6. C   7. A   8. A   9. B   10. B

第三部分

11. B   12. A   13. F   14. D   15. E

第四部分

16. C   17. B   18. A   19. C   20. B

二、阅 读

第一部分

21. ×   22. √   23. ×   24. ×   25. √

第二部分

26. F   27. A   28. C   29. B   30. D

第三部分

31. E   32. A   33. D   34. B   35. C

第四部分

36. B   37. E   38. A   39. F   40. C

中文水平考试 HSK（一级）全真模拟题 3 答案

一、听 力

第一部分

1. ✓　　2. ✗　　3. ✓　　4. ✓　　5. ✗

第二部分

6. A　　7. C　　8. A　　9. B　　10. C

第三部分

11. D　　12. A　　13. E　　14. F　　15. B

第四部分

16. C　　17. B　　18. C　　19. C　　20. C

二、阅 读

第一部分

21. ✗　　22. ✗　　23. ✓　　24. ✗　　25. ✓

第二部分

26. A　　27. F　　28. B　　29. C　　30. D

第三部分

31. E　　32. A　　33. D　　34. B　　35. C

第四部分

36. E　　37. C　　38. F　　39. B　　40. A

中文水平考试 HSK（一级）全真模拟题 4 答案

一、听 力

第一部分

1. √ 2. × 3. × 4. √ 5. ×

第二部分

6. C 7. A 8. B 9. A 10. C

第三部分

11. E 12. A 13. F 14. D 15. B

第四部分

16. C 17. C 18. A 19. A 20. A

二、阅 读

第一部分

21. √ 22. × 23. √ 24. × 25. √

第二部分

26. B 27. C 28. A 29. D 30. F

第三部分

31. C 32. A 33. B 34. E 35. D

第四部分

36. E 37. A 38. F 39. B 40. C

中文水平考试 HSK（一级）全真模拟题 5 答案

一、听　力

第 一 部 分

1. ✓　　　2. ✗　　　3. ✗　　　4. ✓　　　5. ✗

第 二 部 分

6. B　　　7. A　　　8. B　　　9. A　　　10. C

第 三 部 分

11. B　　　12. A　　　13. D　　　14. F　　　15. E

第 四 部 分

16. A　　　17. B　　　18. B　　　19. A　　　20. B

二、阅　读

第 一 部 分

21. ✓　　　22. ✗　　　23. ✗　　　24. ✓　　　25. ✗

第 二 部 分

26. C　　　27. F　　　28. A　　　29. B　　　30. D

第 三 部 分

31. D　　　32. E　　　33. A　　　34. B　　　35. C

第 四 部 分

36. B　　　37. F　　　38. C　　　39. A　　　40. E

中文水平考试 HSK（一级）

音节·汉字·词汇·语法

中文水平考试 HSK（一级）音节

1. ài
2. bā
3. bà
4. ba
5. bái
6. bǎi
7. bān
8. bàn
9. bān
10. bāo
11. bēi
12. běi
13. bèi
14. běn
15. bǐ
16. biān
17. bié
18. bìng
19. bù
20. cài
21. chá
22. chà
23. cháng
24. chǎng

25. chàng
26. chē
27. chī
28. chū
29. chuān
30. chuáng
31. cì
32. cóng
33. cuò
34. dá
35. dǎ
36. dà
37. dàn

38. dào
39. dé
40. de
41. děng
42. dì
43. diǎn
44. diàn
45. dōng
46. dòng
47. dōu
48. dú
49. duì
50. duō

51. è

52. ér

53. èr

54. fàn

55. fāng

56. fáng

57. fàng

58. fēi

59. fēn

60. fēng

61. fú

62. gān

63. gàn

64. gāo

65. gào

66. gē

67. gè

68. gěi

69. gēn

70. gōng

71. guān

72. guǎn

73. guì

74. guó

75. guǒ

76. guò

77. hái	90. huí
78. hàn	91. huì
79. hǎo	92. huǒ
80. hào	93. jī
81. hē	94. jǐ
82. hé	95. jì
83. hěn	96. jiā
84. hòu	97. jià
85. huā	98. jiān
86. huà	99. jiàn
87. huài	100. jiāo
88. huān	101. jiào
89. huán	102. jiě

103. jiè
104. jīn
105. jìn
106. jīng
107. jìng
108. jiǔ
109. jiù
110. jué
111. kāi
112. kàn
113. kǎo
114. kě
115. kè

116. kǒu
117. kuài
118. lái
119. lǎo
120. le
121. lèi
122. lěng
123. lǐ
124. liǎng
125. líng
126. liù
127. lóu
128. lù

129. mā	_____	142. miàn	_____
130. mǎ	_____	143. míng	_____
131. ma	_____	144. ná	_____
132. mǎi	_____	145. nǎ	_____
133. màn	_____	146. nà	_____
134. máng	_____	147. nǎi	_____
135. máo	_____	148. nán	_____
136. me	_____	149. nǎo	_____
137. méi	_____	150. ne	_____
138. mèi	_____	151. néng	_____
139. mén	_____	152. nǐ	_____
140. men	_____	153. nián	_____
141. mǐ	_____	154. nín	_____

155. niú _____
156. nǚ _____
157. páng _____
158. pǎo _____
159. péng _____
160. piào _____
161. qī _____
162. qǐ _____
163. qì _____
164. qián _____
165. qǐng _____
166. qiú _____
167. qù _____

168. rè _____
169. rén _____
170. rèn _____
171. rì _____
172. ròu _____
173. sān _____
174. shān _____
175. shāng _____
176. shàng _____
177. shǎo _____
178. shào _____
179. shéi _____
180. shēn _____

181. shén _____

182. shēng _____

183. shī _____

184. shí _____

185. shì _____

186. shǒu _____

187. shū _____

188. shù _____

189. shuí _____

190. shuǐ _____

191. shuì _____

192. shuō _____

193. sì _____

194. sòng _____

195. sù _____

196. suì _____

197. tā _____

198. tài _____

199. tǐ _____

200. tiān _____

201. tiáo _____

202. tīng _____

203. tóng _____

204. tú _____

205. wài _____

206. wán _____

207. wǎn

208. wǎng

209. wàng

210. wén

211. wèn

212. wǒ

213. wǔ

214. xī

215. xí

216. xǐ

217. xì

218. xià

219. xiān

220. xiàn

221. xiǎng

222. xiǎo

223. xiào

224. xiē

225. xiě

226. xiè

227. xīn

228. xīng

229. xíng

230. xìng

231. xiū

232. xué

233. yàng	246. yuàn
234. yào	247. yuè
235. yé	248. zài
236. yě	249. zǎo
237. yè	250. zěn
238. yī	251. zhàn
239. yǐng	252. zhǎo
240. yòng	253. zhè
241. yǒu	254. zhe
242. yòu	255. zhēn
243. yǔ	256. zhèng
244. yuán	257. zhī
245. yuǎn	258. zhōng

259. zhòng

260. zhù

261. zhǔn

262. zhuō

263. zǐ

264. zì

265. zǒu

266. zuì

267. zuó

268. zuǒ

269. zuò

中文水平考试 HSK（一级）汉字

1. 爱
2. 八
3. 爸
4. 吧
5. 白
6. 百
7. 班
8. 半
9. 帮
10. 包
11. 杯
12. 北
13. 备
14. 本
15. 比
16. 边
17. 别
18. 病
19. 不
20. 菜
21. 茶
22. 差
23. 常
24. 场
25. 唱
26. 车
27. 吃
28. 出
29. 穿
30. 床
31. 次
32. 从
33. 错
34. 答
35. 打
36. 大
37. 蛋
38. 到
39. 道
40. 得
41. 地
42. 的
43. 等
44. 弟

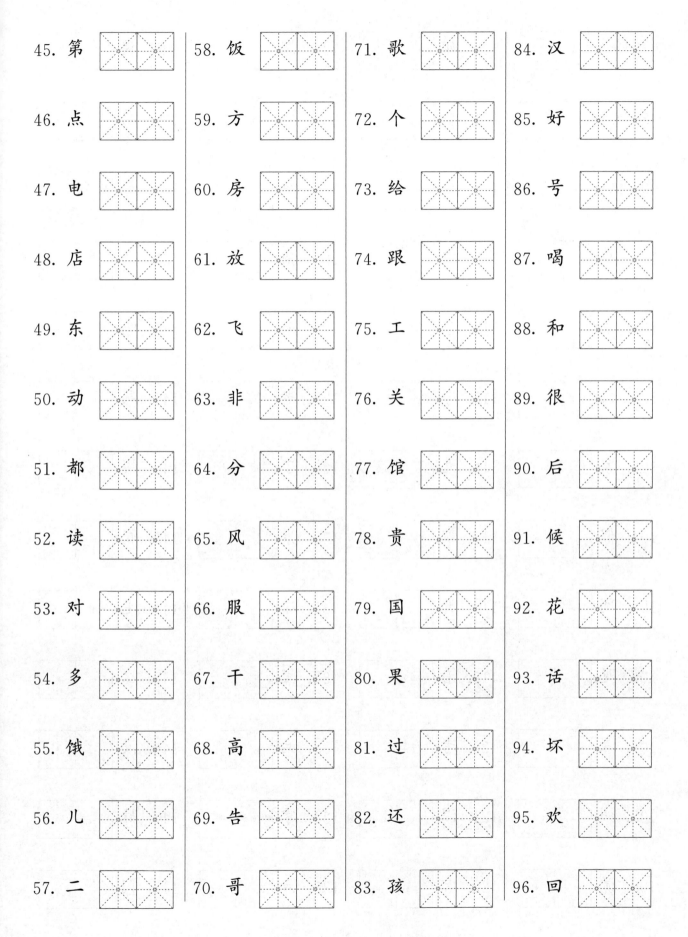

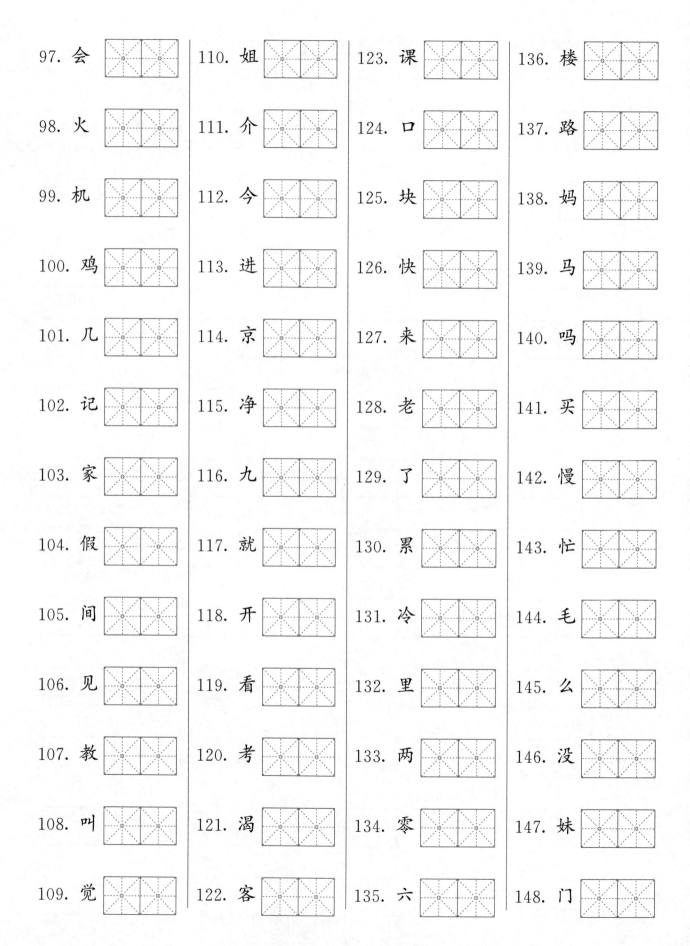

149. 们	162. 呢	175. 起	188. 三
150. 米	163. 能	176. 气	189. 山
151. 面	164. 你	177. 汽	190. 商
152. 名	165. 年	178. 前	191. 上
153. 明	166. 您	179. 钱	192. 少
154. 拿	167. 牛	180. 请	193. 绍
155. 哪	168. 女	181. 球	194. 身
156. 那	169. 旁	182. 去	195. 什
157. 奶	170. 跑	183. 热	196. 生
158. 男	171. 朋	184. 人	197. 师
159. 南	172. 票	185. 认	198. 十
160. 难	173. 七	186. 日	199. 时
161. 脑	174. 期	187. 肉	200. 识

201. 事	214. 诉	227. 晚	240. 系
202. 试	215. 岁	228. 网	241. 下
203. 视	216. 他	229. 忘	242. 先
204. 是	217. 她	230. 文	243. 现
205. 手	218. 太	231. 问	244. 想
206. 书	219. 体	232. 我	245. 小
207. 树	220. 天	233. 五	246. 校
208. 谁	221. 条	234. 午	247. 笑
209. 水	222. 听	235. 西	248. 些
210. 睡	223. 同	236. 息	249. 写
211. 说	224. 图	237. 习	250. 谢
212. 四	225. 外	238. 洗	251. 新
213. 送	226. 玩	239. 喜	252. 星

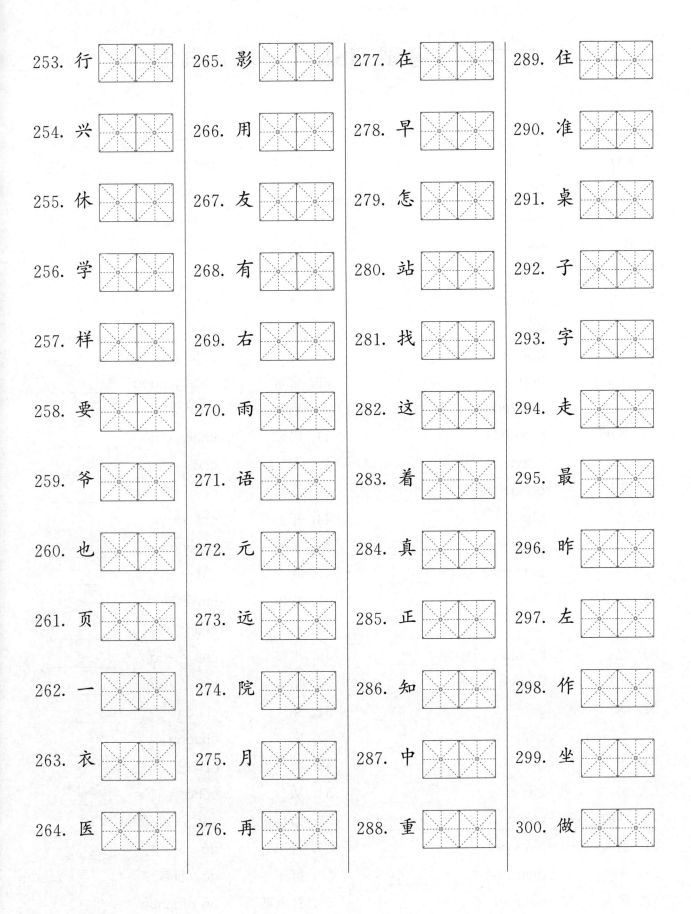

中文水平考试 HSK（一级）词汇

1. 爱	ài		30. 不大	bú dà	
2. 爱好	àihào		31. 不对	búduì	
3. 八	bā		32. 不客气	bú kèqi	
4. 爸爸|爸	bàba|bà		33. 不用	búyòng	
5. 吧	ba		34. 不	bù	
6. 白	bái		35. 菜	cài	
7. 白天	báitiān		36. 茶	chá	
8. 百	bǎi		37. 差	chà	
9. 班	bān		38. 常	cháng	
10. 半	bàn		39. 常常	chángcháng	
11. 半年	bàn nián		40. 唱	chàng	
12. 半天	bàntiān		41. 唱歌	chàng//gē	
13. 帮	bāng		42. 车	chē	
14. 帮忙	bāng//máng		43. 车票	chēpiào	
15. 包	bāo		44. 车上	chē shang	
16. 包子	bāozi		45. 车站	chēzhàn	
17. 杯	bēi		46. 吃	chī	
18. 杯子	bēizi		47. 吃饭	chī//fàn	
19. 北	běi		48. 出	chū	
20. 北边	běibian		49. 出来	chū//·lái	
21. 北京	Běijīng		50. 出去	chū//·qù	
22. 本	běn		51. 穿	chuān	
23. 本子	běnzi		52. 床	chuáng	
24. 比	bǐ		53. 次	cì	
25. 别	bié		54. 从	cóng	
26. 别的	biéde		55. 错	cuò	
27. 别人	bié·rén		56. 打	dǎ	
28. 病	bìng		57. 打车	dǎ//chē	
29. 病人	bìngrén		58. 打电话	dǎ diànhuà	

#	词	拼音		#	词	拼音
59.	打开	dǎ // kāi		91.	读书	dú // shū
60.	打球	dǎ qiú		92.	对	duì
61.	大	dà		93.	对不起	duìbuqǐ
62.	大学	dàxué		94.	多	duō
63.	大学生	dàxuéshēng		95.	多少	duōshao
64.	到	dào		96.	饿	è
65.	得到	dé // dào		97.	儿子	érzi
66.	地	de		98.	二	èr
67.	的	de		99.	饭	fàn
68.	等	děng		100.	饭店	fàndiàn
69.	地	dì		101.	房间	fángjiān
70.	地点	dìdiǎn		102.	房子	fángzi
71.	地方	dìfang		103.	放	fàng
72.	地上	dìshang		104.	放假	fàng // jià
73.	地图	dìtú		105.	放学	fàng // xué
74.	弟弟｜弟	dìdi｜dì		106.	飞	fēi
75.	第（第二）	dì（dì-èr）		107.	飞机	fēijī
76.	点	diǎn		108.	非常	fēicháng
77.	电	diàn		109.	分	fēn
78.	电话	diànhuà		110.	风	fēng
79.	电脑	diànnǎo		111.	干	gān
80.	电视	diànshì		112.	干净	gānjìng
81.	电视机	diànshìjī		113.	干	gàn
82.	电影	diànyǐng		114.	干什么	gàn shénme
83.	电影院	diànyǐngyuàn		115.	高	gāo
84.	东	dōng		116.	高兴	gāoxìng
85.	东边	dōngbian		117.	告诉	gàosu
86.	东西	dōngxi		118.	哥哥｜哥	gēge｜gē
87.	动	dòng		119.	歌	gē
88.	动作	dòngzuò		120.	个	gè
89.	都	dōu		121.	给	gěi
90.	读	dú		122.	跟	gēn

123.	工人	gōngrén		155.	回答	huídá
124.	工作	gōngzuò		156.	回到	huídào
125.	关	guān		157.	回家	huí jiā
126.	关上	guānshang		158.	回来	huí//·lái
127.	贵	guì		159.	回去	huí//·qù
128.	国	guó		160.	会	huì
129.	国家	guójiā		161.	火车	huǒchē
130.	国外	guó wài		162.	机场	jīchǎng
131.	过	guò		163.	机票	jīpiào
132.	还	hái		164.	鸡蛋	jīdàn
133.	还是	háishi		165.	几	jǐ
134.	还有	hái yǒu		166.	记	jì
135.	孩子	háizi		167.	记得	jìde
136.	汉语	Hànyǔ		168.	记住	jìzhù
137.	汉字	Hànzì		169.	家	jiā
138.	好	hǎo		170.	家里	jiā li
139.	好吃	hǎochī		171.	家人	jiārén
140.	好看	hǎokàn		172.	间	jiān
141.	好听	hǎotīng		173.	见	jiàn
142.	好玩儿	hǎowánr		174.	见面	jiàn//miàn
143.	号	hào		175.	教	jiāo
144.	喝	hē		176.	叫	jiào
145.	和	hé		177.	教学楼	jiàoxuélóu
146.	很	hěn		178.	姐姐|姐	jiějie|jiě
147.	后	hòu		179.	介绍	jièshào
148.	后边	hòubian		180.	今年	jīnnián
149.	后天	hòutiān		181.	今天	jīntiān
150.	花	huā		182.	进	jìn
151.	话	huà		183.	进来	jìn//·lái
152.	坏	huài		184.	进去	jìn//·qù
153.	还	huán		185.	九	jiǔ
154.	回	huí		186.	就	jiù

#	词	拼音		#	词	拼音
187.	觉得	juéde		219.	楼上	lóu shàng
188.	开	kāi		220.	楼下	lóu xià
189.	开车	kāi∥chē		221.	路	lù
190.	开会	kāi∥huì		222.	路口	lùkǒu
191.	开玩笑	kāi wánxiào		223.	路上	lùshang
192.	看	kàn		224.	妈妈｜妈	māma｜mā
193.	看病	kàn∥bìng		225.	马路	mǎlù
194.	看到	kàndào		226.	马上	mǎshàng
195.	看见	kàn∥jiàn		227.	吗	ma
196.	考	kǎo		228.	买	mǎi
197.	考试	kǎo∥shì		229.	慢	màn
198.	渴	kě		230.	忙	máng
199.	课	kè		231.	毛	máo
200.	课本	kèběn		232.	没	méi
201.	课文	kèwén		233.	没关系	méi guānxi
202.	口	kǒu		234.	没什么	méi shénme
203.	块	kuài		235.	没事儿	méi∥shìr
204.	快	kuài		236.	没有	méi·yǒu
205.	来	lái		237.	妹妹｜妹	mèimei｜mèi
206.	来到	láidào		238.	门	mén
207.	老	lǎo		239.	门口	ménkǒu
208.	老人	lǎorén		240.	门票	ménpiào
209.	老师	lǎoshī		241.	们（朋友们）	men (péngyoumen)
210.	了	le				
211.	累	lèi		242.	米饭	mǐfàn
212.	冷	lěng		243.	面包	miànbāo
213.	里	lǐ		244.	面条儿	miàntiáor
214.	里边	lǐbian		245.	名字	míngzi
215.	两	liǎng		246.	明白	míngbai
216.	零｜〇	líng｜líng		247.	明年	míngnián
217.	六	liù		248.	明天	míngtiān
218.	楼	lóu		249.	拿	ná

250. 哪	nǎ		282. 旁边	pángbiān	
251. 哪里	nǎ·lǐ		283. 跑	pǎo	
252. 哪儿	nǎr		284. 朋友	péngyou	
253. 哪些	nǎxiē		285. 票	piào	
254. 那	nà		286. 七	qī	
255. 那边	nàbiān		287. 起	qǐ	
256. 那里	nà·lǐ		288. 起床	qǐ//chuáng	
257. 那儿	nàr		289. 起来	qǐ//·lái	
258. 那些	nàxiē		290. 汽车	qìchē	
259. 奶	nǎi		291. 前	qián	
260. 奶奶	nǎinai		292. 前边	qiánbian	
261. 男	nán		293. 前天	qiántiān	
262. 男孩儿	nánháir		294. 钱	qián	
263. 男朋友	nánpéngyou		295. 钱包	qiánbāo	
264. 男人	nánrén		296. 请	qǐng	
265. 男生	nánshēng		297. 请假	qǐng//jià	
266. 南	nán		298. 请进	qǐng jìn	
267. 南边	nánbian		299. 请问	qǐngwèn	
268. 难	nán		300. 请坐	qǐng zuò	
269. 呢	ne		301. 球	qiú	
270. 能	néng		302. 去	qù	
271. 你	nǐ		303. 去年	qùnián	
272. 你们	nǐmen		304. 热	rè	
273. 年	nián		305. 人	rén	
274. 您	nín		306. 认识	rènshi	
275. 牛奶	niúnǎi		307. 认真	rènzhēn	
276. 女	nǚ		308. 日	rì	
277. 女儿	nǚ'ér		309. 日期	rìqī	
278. 女孩儿	nǚháir		310. 肉	ròu	
279. 女朋友	nǚpéngyou		311. 三	sān	
280. 女人	nǚrén		312. 山	shān	
281. 女生	nǚshēng		313. 商场	shāngchǎng	

#	词	拼音		#	词	拼音	
314.	商店	shāngdiàn		346.	水果	shuǐguǒ	
315.	上	shàng		347.	睡	shuì	
316.	上班	shàng//bān		348.	睡觉	shuì//jiào	
317.	上边	shàngbian		349.	说	shuō	
318.	上车	shàng chē		350.	说话	shuō//huà	
319.	上次	shàng cì		351.	四	sì	
320.	上课	shàng//kè		352.	送	sòng	
321.	上网	shàng//wǎng		353.	岁	suì	
322.	上午	shàngwǔ		354.	他	tā	
323.	上学	shàng//xué		355.	他们	tāmen	
324.	少	shǎo		356.	她	tā	
325.	谁	shéi/shuí		357.	她们	tāmen	
326.	身上	shēnshang		358.	太	tài	
327.	身体	shēntǐ		359.	天	tiān	
328.	什么	shénme		360.	天气	tiānqì	
329.	生病	shēng//bìng		361.	听	tīng	
330.	生气	shēng//qì		362.	听到	tīngdào	
331.	生日	shēngrì		363.	听见	tīng//jiàn	
332.	十	shí		364.	听写	tīngxiě	
333.	时候	shíhou		365.	同学	tóngxué	
334.	时间	shíjiān		366.	图书馆	túshūguǎn	
335.	事	shì		367.	外	wài	
336.	试	shì		368.	外边	wàibian	
337.	是	shì		369.	外国	wàiguó	
338.	是不是	shì bu shì		370.	外语	wàiyǔ	
339.	手	shǒu		371.	玩儿	wánr	
340.	手机	shǒujī		372.	晚	wǎn	
341.	书	shū		373.	晚饭	wǎnfàn	
342.	书包	shūbāo		374.	晚上	wǎnshang	
343.	书店	shūdiàn		375.	网上	wǎng shang	
344.	树	shù		376.	网友	wǎngyǒu	
345.	水	shuǐ		377.	忘	wàng	

#	词	拼音	
378.	忘记	wàngjì	____
379.	问	wèn	____
380.	我	wǒ	____
381.	我们	wǒmen	____
382.	五	wǔ	____
383.	午饭	wǔfàn	____
384.	西	xī	____
385.	西边	xībian	____
386.	洗	xǐ	____
387.	洗手间	xǐshǒujiān	____
388.	喜欢	xǐhuan	____
389.	下	xià	____
390.	下班	xià//bān	____
391.	下边	xiàbian	____
392.	下车	xià chē	____
393.	下次	xià cì	____
394.	下课	xià//kè	____
395.	下午	xiàwǔ	____
396.	下雨	xià yǔ	____
397.	先	xiān	____
398.	先生	xiānsheng	____
399.	现在	xiànzài	____
400.	想	xiǎng	____
401.	小	xiǎo	____
402.	小孩儿	xiǎoháir	____
403.	小姐	xiǎojiě	____
404.	小朋友	xiǎopéngyǒu	____
405.	小时	xiǎoshí	____
406.	小学	xiǎoxué	____
407.	小学生	xiǎoxuéshēng	____
408.	笑	xiào	____
409.	写	xiě	____
410.	谢谢	xièxie	____
411.	新	xīn	____
412.	新年	xīnnián	____
413.	星期	xīngqī	____
414.	星期日	xīngqīrì	____
415.	星期天	xīngqītiān	____
416.	行	xíng	____
417.	休息	xiūxi	____
418.	学	xué	____
419.	学生	xué·sheng	____
420.	学习	xuéxí	____
421.	学校	xuéxiào	____
422.	学院	xuéyuàn	____
423.	要	yào	____
424.	爷爷	yéye	____
425.	也	yě	____
426.	页	yè	____
427.	一	yī	____
428.	衣服	yīfu	____
429.	医生	yīshēng	____
430.	医院	yīyuàn	____
431.	一半	yíbàn	____
432.	一会儿	yíhuìr	____
433.	一块儿	yíkuàir	____
434.	一下儿	yíxiàr	____
435.	一样	yíyàng	____
436.	一边	yìbiān	____
437.	一点儿	yìdiǎnr	____
438.	一起	yìqǐ	____
439.	一些	yìxiē	____
440.	用	yòng	____
441.	有	yǒu	____

442.	有的	yǒude	_____	471.	真的	zhēn de	_____
443.	有名	yǒu//míng	_____	472.	正	zhèng	_____
444.	有时候	yǒushíhou	_____	473.	正在	zhèngzài	_____
	有时	yǒushí		474.	知道	zhī·dào	_____
445.	有（一）些	yǒu(yì)xiē	_____	475.	知识	zhīshi	_____
446.	有用	yǒuyòng	_____	476.	中	zhōng	_____
447.	右	yòu	_____	477.	中国	Zhōngguó	_____
448.	右边	yòubian	_____	478.	中间	zhōngjiān	_____
449.	雨	yǔ	_____	479.	中文	Zhōngwén	_____
450.	元	yuán	_____	480.	中午	zhōngwǔ	_____
451.	远	yuǎn	_____	481.	中学	zhōngxué	_____
452.	月	yuè	_____	482.	中学生	zhōngxuéshēng	_____
453.	再	zài	_____	483.	重	zhòng	_____
454.	再见	zàijiàn	_____	484.	重要	zhòngyào	_____
455.	在	zài	_____	485.	住	zhù	_____
456.	在家	zàijiā	_____	486.	准备	zhǔnbèi	_____
457.	早	zǎo	_____	487.	桌子	zhuōzi	_____
458.	早饭	zǎofàn	_____	488.	字	zì	_____
459.	早上	zǎoshang	_____	489.	子（桌子）	zi（zhuōzi）	_____
460.	怎么	zěnme	_____	490.	走	zǒu	_____
461.	站	zhàn	_____	491.	走路	zǒu//lù	_____
462.	找	zhǎo	_____	492.	最	zuì	_____
463.	找到	zhǎodào	_____	493.	最好	zuìhǎo	_____
464.	这	zhè	_____	494.	最后	zuìhòu	_____
465.	这边	zhèbiān	_____	495.	昨天	zuótiān	_____
466.	这里	zhè·lǐ	_____	496.	左	zuǒ	_____
467.	这儿	zhèr	_____	497.	左边	zuǒbian	_____
468.	这些	zhèxiē	_____	498.	坐	zuò	_____
469.	着	zhe	_____	499.	坐下	zuòxia	_____
470.	真	zhēn	_____	500.	做	zuò	_____

中文水平考试 HSK（一级）语法

A.1　一级语法点

A.1.1　词类

A.1.1.1　名词

【一01】方位名词：上、下、里、外、前、后、左、右、东、南、西、北；上边、下边、里边、外边、前边、后边、左边、右边、东边、南边、西边、北边
　　桌子上　　树下　　房间里　　门外　　楼前　　门后
　　桌子上边　　书包里边　　饭店的前边　　图书馆的北边　　东边的车站
　　南边的房子
　　书在桌子上。
　　手机在书包里。
　　房间里没有人。
　　他去东边的车站。

A.1.1.2　动词

【一02】能愿动词：会、能
　　我不会说中文。
　　明天你能来吗？

【一03】能愿动词：想、要
　　我想学中文。
　　他要去书店。

A.1.1.3　代词

【一04】疑问代词：多、多少、几、哪、哪儿、哪里、哪些、什么、谁、怎么
　　他多大？
　　你们班有多少个学生？
　　现在几点？
　　你喜欢哪个电影？
　　你们去哪儿？
　　车站在哪里？
　　你们班有哪些国家的学生？

你买什么?

谁是老师?

你怎么去医院?

【一05】 人称代词：我、你、您、他、她、我们、你们、他们、她们

你好，我要两个本子。

您好！

他想喝水。

她很高。

我们去书店，你们去哪儿？

他们是学生。

她们是我的同学。

【一06】 指示代词：这、那、这儿、那儿、这里、那里、这些、那些、别的、有的

这是谁的手机？

她喜欢那个书包。

这儿很好。

我去那儿学习。

你坐这里，弟弟坐那里。

这些书很新。

那些东西都很贵。

你还要别的东西吗？

有的同学在休息，有的同学在看书。

A.1.1.4 数词

【一07】 一、二/两、三、四、五、六、七、八、九、零；十、百；半

五　　十五　　一百一十五　　六　　二百六（十）　　二百零六

十二　　二十　　二百　　两百

两个人　　两本书

八点半　　半个小时

A.1.1.5 量词

【一08】 名量词：杯、本、个、家、间、口、块、页

两杯牛奶　　三本书　　四个学生　　五家商店　　六间房子　　三口人

七块面包

A.1.1.6 副词

【一09】程度副词：非常、很、太、真、最

我非常喜欢这本书。

那个本子很好看。

这里太冷了。

你的房间真干净！

我最喜欢打球。

【一10】范围、协同副词：都[1]、一块儿、一起

同学们都很认真。

我们常一块儿玩儿。

明天他们一起去图书馆。

【一11】时间副词：马上、先、有时、在、正、正在

医生马上来。

老师，我先说吧。

他有时晚上上课。

我在看电视呢。

你等一下儿，他正吃饭呢。

他们正在唱歌。

【一12】频率、重复副词：常、常常、再[1]

他常去饭店吃饭。

她常常不吃早饭。

今天的电影太好看了，我们明天再去看吧。

【一13】关联副词：还[1]、也

他要去上海，还要去北京。

他是学生，我也是学生。

【一14】否定副词：别、不、没、没有

你别进来。

今天不热。

他昨天没上课。

我今天没有吃早饭。

A.1.1.7　介词

A.1.1.7.1　引出时间、处所

【一15】从[1]

　　我们从星期一到星期五工作。

　　你从哪儿来？

【一16】在

　　哥哥在北京学中文。

　　他在手机上看电影。

A.1.1.7.2　引出对象

【一17】跟[1]、和[1]

　　他跟老师请假了。

　　我没和姐姐一起去中国。

【一18】比

　　哥哥比弟弟高。

　　这个房间比那个房间大。

A.1.1.8　连词

【一19】连接词或短语：跟[2]、还是、和[2]

　　爸爸跟妈妈都不在家。

　　你喝茶还是喝水？

　　我和弟弟都学习中文。

A.1.1.9　助词

【一20】结构助词：的[1]、地

　　你的衣服很好看。

　　他高兴地说："我明天回家。"

【一21】动态助词：了[1]

　　他买了一本书。/他没买书。

　　我写了两个汉字。/我没写汉字。

【一22】语气助词：吧¹、了²、吗、呢

我们走吧。
我累了。
她是医生吗？
他是哪国人呢？
我在看书呢。

A.1.2 短语

A.1.2.1 结构类型

【一23】数量短语

一个　　两杯　　三本　　四包　　五块

A.1.3 句子成分

A.1.3.1 主语

【一24】名词、代词或名词性短语作主语

衣服很好看。
他在看电视。
这个房间很干净。

A.1.3.2 谓语

【一25】动词或动词性短语、形容词或形容词性短语作谓语

他病了。
我们学中文。
今天不冷。
这个菜很好吃。

A.1.3.3 宾语

【一26】名词、代词或名词性短语作宾语

他吃面包。
妈妈来看我了。
她买了一个手机。

A.1.3.4　定语

【一27】名词性词语、形容词性词语、数量短语作定语

　　他在看中文书。

　　新书包很好看。

　　我喜欢干净的房间。

　　她看了两本书。

A.1.3.5　状语

【一28】副词、形容词作状语；表示时间、处所的词语作状语

　　他不吃包子。

　　这个房间非常干净。

　　你认真写！

　　他十点睡觉。

　　我们下午去吧。

　　她在网上买了两本书。

　　哥哥从北京回来了。

A.1.4　句子的类型

A.1.4.1　句型

A.1.4.1.1　单句

【一29】主谓句1：动词谓语句

　　我买一个面包。

　　他不去医院。

【一30】主谓句2：形容词谓语句

　　房间很干净。

　　这个学生最认真。

【一31】非主谓句

　　下雨了。

　　车！

※复句（见"A.1.4.4　复句"）

A.1.4.2 句类

【一32】陈述句

妈妈做晚饭。

我不喜欢看电视。

【一33】疑问句

(1) 是非问句

他是老师吗？

那儿现在热吗？

(2) 特指问句

谁跟你一起去书店？

你想买什么？

(3) 选择问句

你爸爸是老师还是医生？

你们坐火车去还是坐飞机去？

(4) 正反问句

你喝不喝牛奶？

你吃没吃早饭？

你吃早饭了没有？

今天冷不冷？

这个房间干净不干净？

【一34】祈使句

请进！

别说了！

【一35】感叹句

今天太热了！

这水果真好吃！

A.1.4.3 特殊句型

【一36】"是"字句

(1) 表示等同或类属

他是我的老师。

这是他的书。

(2) 表示说明或特征

花是白的。

衣服是干净的。

(3) 表示存在

车站东边是一个学校。

教学楼西边不是图书馆。

【一37】"有"字句 1

(1) 表示领有

我有很多书。

他没有哥哥。

一个星期有七天。

(2) 表示存在

房间里有两张桌子。

房间里没有桌子。

【一38】比较句 1

(1) A 比 B+形容词

我朋友比我高。

这个手机比那个贵。

(2) A 没有 B+形容词

昨天没有今天热。

这个书包没有那个好看。

A.1.4.4 复句

【一39】并列复句

(1) 不用关联词语

我喜欢看电视，弟弟喜欢打球。

他有一个哥哥，没有姐姐。

(2) 用关联词语：一边……，一边……；……，也……

他一边走路，一边唱歌。

哥哥一边看电视，一边吃东西。

我喜欢唱歌，弟弟也喜欢唱歌。

这个房间很大，也很干净。

A.1.5 动作的态

【一40】变化态：用动态助词"了²"表示

　　她病了。/她没病。

　　雨小了。/雨没小。

　　他吃早饭了。/他没吃早饭。

【一41】完成态：用动态助词"了¹"表示

　　他买了两个面包。/他没买面包。

　　我喝了很多水。/我没喝水。

【一42】进行态

　　(1) ……在/正在＋动词

　　　　孩子在睡觉，你别说话。

　　　　外边正在下雨。

　　(2) ……在/正/正在＋动词……＋呢

　　　　你等一下儿，他在打电话呢。

　　　　老师进来的时候，我正听歌呢。

　　　　同学们正在考试呢。

　　(3) ……呢

　　　　我没看电视，看书呢。

　　　　甲：你在做什么？

　　　　乙：我洗衣服呢。

A.1.6 特殊表达法

A.1.6.1 数的表示法

【一43】钱数表示法

　　九块三（毛）（9.30元）

　　十五块六毛三（分）（15.63元）

　　二十五块零八（分）（25.08元）

　　一百五十（元）　　一百五十（块）（150元）

　　一百零五（元）　　一百零五（块）（105元）

A.1.6.2　时间表示法

【一44】时间表示法

(1) 年、月、日、星期表示法

2020 年 12 月 25 日

七月十号

星期一　　星期二　　星期三　　星期四　　星期五　　星期六

星期日/星期天

(2) 钟点表示法

两点（2：00）

两点二十五（分）（2：25）

三点零五（分）（3：05）

五点半（5：30）

差两分八点（7：58）

A.1.7　提问的方法

【一45】用"吗"提问

他是老师吗？

这包子好吃吗？

【一46】用"多、多少、几、哪、哪儿、哪里、哪些、什么、谁、怎么"提问

你哥哥多大？

车上有多少个人？

你家有几口人？

她是哪国人？

我们在哪儿见面？

你去哪里了？

你看了哪些书？

你星期天做什么？

谁要喝茶？

这个字怎么读？

【一47】用"还是"提问

她妈妈是老师还是医生？

你喝水还是喝牛奶？

【一48】用正反疑问形式提问

这本书贵不贵？

电影好看不好看？

你吃不吃包子？

他去没去图书馆？

他回家了没有？

你饿了没有？